THE
EDUCATION OF
CHILDREN

Alfred Adler

阿德勒
正向教養心理學

給孩子勇氣的
成長之書

阿爾弗雷德・阿德勒————著
周玉文————譯

THE
EDUCATiON OF
CHILDREN

Alfred Adler

阿德勒
正向教養心理學

作者：阿爾弗雷德・阿德勒（Alfred Adler）｜譯者：周玉文

小樹文化股份有限公司
社長：張瑩瑩｜總編輯：蔡麗真｜副總編輯：謝怡文｜責任編輯：謝怡文
行銷企劃經理：林麗紅｜行銷企劃：李映柔｜校對：林昌榮
封面設計：萬勝安｜內文排版：洪素貞

發　　　行：遠足文化事業股份有限公司（讀書共和國出版集團）
　　　　　　地址：231新北市新店區民權路108-2號9樓
　　　　　　電話：(02) 2218-1417 ｜傳真：(02) 8667-1065
　　　　　　客服專線：0800-221029 ｜電子信箱：service@bookrep.com.tw
　　　　　　郵撥帳號：19504465遠足文化事業股份有限公司
　　　　　　團體訂購另有優惠，請洽業務部：(02) 2218-1417分機1124
特別聲明：有關本書中的言論內容，不代表本公司/出版集團之立場與意見，
　　　　　文責由作者自行承擔。

法律顧問：華洋法律事務所 蘇文生律師
出版日期：2024年1月4日初版首刷

ISBN 978-626-7304-30-3（平裝）
ISBN 978-626-7304-29-7（EPUB）
ISBN 978-626-7304-28-0（PDF）

國家圖書館出版品預行編目資料

阿德勒正向教養心理學【給孩子勇氣的成長之書】／阿爾弗雷德・阿德勒（Alfred Adler）著；周玉文 譯-- 初版-- 新北市：小樹文化股份有限公司 出版；遠足文化事業股份有限公司 發行；2024.1
面；公分--
譯自：The Education of Children
ISBN 978-626-7304-30-3（平裝）
1.兒童心理學 2.兒童教育

173.1　　　　　　　　　　112020275

小樹文化　小樹文化
官網　　　讀者回函

父母或教育者的責任，

就是將孩子的努力追求導向有效、有益的面向。

——阿爾弗雷德・阿德勒——

目錄

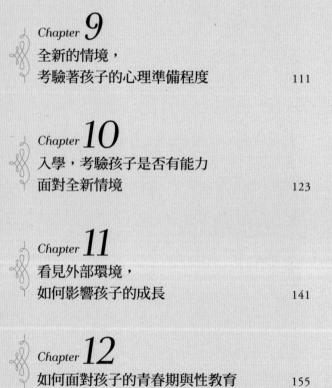

Chapter 1

個體心理學
如何看待兒童教育

　　從心理學的角度來看，就成人而言，教育問題可以簡化成「自我認識」（self-knowledge）與「自我導向」（self-direction）的問題；對兒童教育來說，或許也是如此。但是，兩者仍有這樣的差異：考慮到兒童身心尚未成熟，外界的引導至關重要（雖說成人並非完全不需要引導）。假如我們允許兒童按照自己的意願成長（前提是他們有兩萬年壽命可以發育，加上有利的成長環境），兒童終究可以達到成人世界的文明標準。然而，這毫無疑問只是奢望，因此成人有必要在兒童的成長期間關心並引導他們。

　　在此，最艱難之處是「無知」。成人光是認識自我、理解自身的情緒、愛恨喜惡，也就是釐清自己的心理狀態，就已經夠難了。了解兒童並且在適切的知識基礎下引導他們，更是難上加難。

「個體心理學」（Individual Psychology）[1]格外關注兒童心理學，因為兒童心理學本身不僅重要，且有助於了解成人的特質與行為。不同於其他心理學，個體心理學不允許理論與實踐脫節、聚焦於整體人格，並研究發育與表達能力的動力變化。從科學知識來看，這是從錯誤中習得且早已實踐過的知識，而無論是心理學家、父母、朋友或是個體，只要具備這門知識，便能立刻應用在引導人格發展上。

　　因為納入了這項方法，使得個體心理學成為「完整的有機體」。個體心理學看待個體的行為，都是受到整體人格驅動、指引。無論個體心理學如何描述人類行為，都反映出這些行為之間是相互關聯的，且受到心理影響。在開宗明義的這一章，我將概論個體心理學的整體觀點，往後的章節也將詳細說明本章提及的各種問題。

　　人類成長發育的根本事實就是：心理層面總是懷抱充滿活力、目的性的追求。打從出生那一刻起，兒童便不斷尋求自身發展，這種行為的依據正是一道由潛意識形成且無所不在的目標，亦即一幅偉大、完美又卓越的願景。當然這道追尋、形塑

1　編注：阿德勒所建立的心理學方法。

目標的活動，特別反映出人類的思考力與想像力，而且主宰我們終其一生的特定行為，甚至主宰了我們的思想——因為我們沒有從客觀角度思考，而是依據自身形塑的目標與「生命風格」（style of life）[2]行事。

整體人格內隱於每個人的一生中。每一名個體同時代表整體人格，以及它所塑造出的獨特表現方式。因此，個體既是畫作本身，也是畫家本人。他是自身人格的畫家，但是就畫家這個身分而言，他並不是永遠都不會犯錯，也並非完全理解身與心——他反而是脆弱、極為容易犯錯，又不完美的個人。

當我們思考「人格建構」（the construction of a personality）時，必須留意的首要缺失就是「整體性」（unity）。它的特有風格與目標並非建立在客觀事實之上，而是個體如何主觀看待生活中的所有事實。所謂認知、事實觀點，都不是事實本身，箇中原因是，雖然人類都生活在由事實組成的同一個世界裡，卻不是由同一個模子打造而成。人人依據自身對事物的理解自我發展，有些看法比較健全，有些則否。我們必須體認，**每個人在成長期間都會發生諸多、個別的錯誤與失敗，我們尤其要看出發生在童年早期的錯誤闡釋，因為它們掌控我們往後這一生的發展方向。**

2　編注：阿德勒提出的重要概念，意指個體基於對自己、他人及世界的知覺基礎，產生獨特的個人思考、感受，以及行為的形態。

有個具體的臨床實例或許可以用來說明：一名52歲的女性總是貶低比她年長的同性。她回顧童年時想到，因為有一個大她幾歲的萬人迷姊姊，她老是覺得自己很不堪、價值感低落。我們或許可以採用個體心理學的「垂直」視角來檢視這道個案，且很容易就能發現，這名女性打從童年至今——也就是說，幾乎終其一生——都被同一套機制、同一股心理動力制約。她總是害怕被旁人看不起，每當發現其他人受寵或得到關注就會生氣、發怒。就算我們對這名女性的人生或特定的整體人格一無所知，幾乎也可以基於前述兩道事實來填補這一大片空白。在此，心理學家扮演的角色就如同小說家，必須為個體建構出一套明確的行為主線、生命風格或是行為模式，且必須採用這類手法，建構出完整人格完全不會被破壞的觀念。優秀的心理學家將可預測這名女性在特定情境下的處世之道，同時明確描述出她的人格中，伴隨著特定「人生路線」（life line）而出現的特質。

將「自卑感」預設為另一道重要的心理事實時，追尋或形塑目標的活動，就會負起建構個體人格的責任。**兒童與生俱來就有自卑感，它會刺激兒童發展出想像力、誘使他們改善自身處境以便消除心中的自卑感。改善自身處境會減輕自卑感，從**

心理學視角來看，這被視為一種「補償」（compensation）。

現在，與自卑感及心理補償機制相關的大事就是——它開啟犯錯的超高可能性。自卑感或許會刺激客觀認定的成就；同樣可能導致純然的心理調適，加深個體與客觀事實之間的鴻溝；再不然，自卑感可能再次以悲劇形式冒出頭，而克服的唯一之道就是發展心理的補償特質——儘管最終可能無法完全克服心魔，但心理上有其必要性與必然性。

舉例來說，非常明確表現出補償特質的兒童可以分成三大類型：出生時身體屢弱或器官有缺陷的兒童；從小就被嚴厲管教，不曾體驗親情感受的兒童；最後是被寵壞的兒童。

我們或可將這三大類型兒童視為三大基本情境的縮影——依據我們研究並理解後，歸類為比較正常的兒童發展結果。並非所有兒童生來就有殘疾，但許多兒童表現出或多或少基於身體障礙或器官缺陷之類的心理特質，數量之多令人詫異——這類心理特質的原型或可在研究殘疾兒童的極端情況下看到；至於被寵壞與被苛待的兒童，或多或少可以被歸入其中一類或甚至兩類兼具。

這三大基本處境都會導致兒童產生不足感與自卑感，然後透過種種反應，形塑出超越人類可能性的企圖心。終其一生，自卑感與追求卓越感永遠是人類生命根本性事實的兩大面向，因此無法區分。在病理學的情境中，我們很難斷定，究竟是「過度自卑」還是「過度追求卓越」的殺傷力最強。兩者或多

或少發展出一種你退我進的模式。就兒童而言，我們發現過度自卑會激發兒童毫無節制的企圖心，結果變成他們的心靈毒藥——讓他們永遠不滿足。這種匱乏感並不是會帶來有益活動的類型，且由於不斷餵養不成比例的企圖心，這些活動終將無法開花結果。我們或可看到，這種企圖心與人格特質、個人癖好糾結在一起，像是扮演一種永久的刺激源，讓人變得極度敏感、時時提防，唯恐深受傷害或是遭人踐踏。

此種天性——經常可見於個體心理學相關紀錄——會發展成天賦能力處於休眠狀態的成人，也會變成我們所說的「神經兮兮」或異於常人的怪咖。這幾類人要是漫無節制的發展下去，最終會定型成為不負責任的人和罪犯，因為他們永遠只想到自己、不曾顧及別人。他們在道德上、心理上都是絕對的自我本位。我們發現，他們之中有些人逃避現實與客觀事實，反而為自己建構出一個專屬的新世界——他們做白日夢、沉溺在虛妄幻想中，好像這些才是現實，最終他們得以創造心靈平靜，但其實只是自行想像的現實，以便心靈與現實和解。

編造虛假故事的發展過程中，心理學家與父母有必要留意的標準是「兒童或個體所表現出的社會情感程度」，這是正常發展中關鍵且決定性的因素。**社會情感是兒童正常發展的晴雨表，每一場減弱社會或社群情懷的騷動，都會對兒童的心靈發展產生巨大傷害。**

個體心理學一向以社會情感為基本原則，進而發展出相應

的教學技巧。父母或指導者不得讓兒童緊緊依附單一個體，要是如此，孩子就會發現自己無法或是難以為日後人生做好充分準備。

確定兒童社會情感程度的良好做法，就是仔細觀察兒童入學就讀的表現。兒童初入校門就會經歷最早期、最嚴峻的考驗。對兒童來說，學校本身就是陌生情境——因此可以彰顯兒童為了面對新環境做了多充足的準備，特別是他為了與陌生人打交道做了多充分的準備。

談到如何為兒童做好入學準備，一般父母都欠缺相關知識，這足以解釋為何這麼多成人回顧自己在校就學那些年，簡直是噩夢連連。當然，一旦學校管理得當，往後多半可以彌補早期教育的缺失。**理想的學校應該扮演家庭與遼闊現實世界之間的橋梁，而且應該是不僅能傳授書本知識，更能教育生活知識與技藝的場域。**不過，我們等待理想校園發展成熟，好讓它彌補父母對兒童教育的不足之際，也可以先確切指出父母的缺點。

就分析家庭教養缺失而言，學校或可扮演一道指標作用，恰恰因為它稱不上是理想的環境。有些兒童沒有被教過如何和他人打交道，入學以後會覺得自己很孤單，結果是他們從此被視為怪咖，而且這種傾向還會隨著時間拉長日益強烈。他們的適切發展受挫，還會惡化成問題兒童。大人遇到這種情況只會怪罪學校，殊不知這僅僅是學校環境暴露出家庭教育的潛在問

題而已。

在個體心理學領域，問題兒童入學後能否進步，是一個開放性問題。我們永遠都可以證明，一旦兒童入學後開始屢戰屢敗，那將是一道危險徵兆——這指的不是課業失敗，而是心理上的失敗。這意味著兒童開始對自己失去信心。兒童的灰心喪志表露無遺，於是開始逃避有益途徑、正當任務，老是在尋找另一道出口，也就是通往自由的捷徑。他不會選擇社會早早安排好的大道，而是選擇偏僻小徑，因為他可以在此獲取一定的優越感，進而補償自己的自卑感。這些孩子選擇的道路，永遠可以吸引諸多滿腹挫折的個體——這些正是最快獲得心理成就的道路。保有自我；或是拋開社會與道德責任、打破法律界線，而非依循既定的社會道路前進，以便享有征服快感的自我，兩者的差別顯而易見。不過，這條通往優越感的捷徑永遠是一道指標，無論外在行為表現得多麼勇敢、威武，都只是彰顯躲在背後的膽小與怯懦。這種人永遠試圖做穩操勝券的事，唯有這樣才能炫耀他的優越感。

正如我們所觀察，犯罪分子儘管表現得不顧後果、無所畏懼，骨子裡往往是懦夫一枚。所以我們經常可以看到，當兒童置身危險度低的情境時，反而會因為各種細微跡象暴露出脆弱感，也因此我們經常看到不願站得筆直、身子總是喜歡倚著某樣物體的兒童（成人亦然）。過去的訓練方式與理解這類徵兆的手法總是治標不治本。過去人們總是會對孩子說：「站著的時

候不要總是依靠著東西。」然而事實上，重點不是孩子依靠著東西站立，而是他總是覺得自己需要某些支持。大人總想要規勸兒童，不是處罰就是獎勵，好讓他們戒除這種軟弱的表現，不過這股對支持的強烈需求並不會因此消減、心病還在。而可以解讀這些徵兆，還能發揮同情心和理解力根除兒童心病的人，就是「好教師」。

我們經常可以從單一跡象，歸納出許多現存的特徵或特質。就兒童執迷找東西依靠的需求來說，我們可以馬上看穿，他必然會表現出諸如焦慮與依賴等特徵。將他與完全掌握的相似個案比較後，就能重建這類兒童的人格；簡言之，我們體認到有必要處理被寵壞的孩子。

現在我們轉向探討另一種類型的兒童人格特徵——那些成長期間從來沒有被疼愛的族群。研究所有作惡多端的惡棍生平後可以觀察到，這種類型的特質在他們身上表現得最淋漓盡致。這些人的生平故事中，有一項事實十分吸睛——他們的童年時期被嚴重錯待。他們在惡劣生活中發展出一種冷硬的性格，充滿嫉妒與恨意、見不得他人開心。現在我們不只在純然壞人圈中發現這類善妒的人，據說正常人之中也愈來愈多。這種類型一旦必須對兒童負起照顧責任就會覺得，兒童根本不應該比當年也是兒童的他們過得更幸福。我們發現，這類觀點都是由父母加在他們的兒女身上，監護他人兒童的照顧者亦然。

這類觀點、這類思想，並非源於惡意，只是反映出那些成

長過程中被錯待的族群所抱持的心態。這類族群可以端出一大堆充分理由與準則，好比「不打不成器！」來說服我們，還會拿出沒完沒了的證明與實例，但都是白費工夫。這些僵硬、威權式教育，足以證明兒童只會疏遠教育者的簡單事實。

　　心理學家探索各種不同的徵兆、串接起彼此的關聯，並經過一些實際操作後建構出一套系統，藉此揭露出個體隱匿的心理過程。雖然說我們藉由這套系統檢視的每一個重點，都反映出個體整體人格的一部分；但是，唯有檢視的每一個重點都表現出相同跡象，我們才會感到滿意。因此，個體心理學既是藝術也是科學，而且再怎麼強調也不為過的一點就是：純理論的框架、概念系統，無法被刻板、機械式的套用在個體身上並加以檢驗。在所有的調查環節中，首要之務是研究個體本身；我們絕對不應該在觀察僅僅一、兩種模式的表現後，就歸納出影響深遠的結論，而是應該找出所有可能的面向來支持。唯有成功證實最初的假設、唯有已經可以從個體行為的其他面向找出相同特質，好比頑固與喪志，才能語帶肯定的說：「這種頑固或喪志的特質深植於個體的人格中。」

　　在這方面，我們必須記住，接受檢視的主體其實不理解自身的行為表現，因此無法隱藏真實的自我。我們從他的行動檢視人格；人格不是藉由他怎麼說、怎麼想自己，而對外展現；而是由整體脈絡的動作所表露。個案絕非刻意撒謊，但我們已經體認到，個體的意識思想與無意識動機之間存在巨大鴻

溝──公正無私卻又深富同情心的旁觀者，才是最適合消弭這段差距的對象。這名旁觀者──無論是心理學家、父母或是教師──都應該學著以客觀事實來解讀人格，因為客觀事實被視為個體努力做出帶有目的性，但或多或少出於無意識層面的追求。

因此，個體對個人和社會生活的三大基本問題所抱持的態度，最能顯露其真實自我。第一道問題就是「社會關係」，我們已經在探討「對現實的主觀、客觀看法互相對立」的段落中加以闡述。不過社會關係也以一種特定任務的形式來體現──就是結交朋友、人際相處的任務。個體如何面對這個問題？又將如何回應？當個體相信，他可以說出：「朋友、社會關係的問題，與自己無關緊要。」那麼他的回應就是「無關緊要」，而且他真的相信自己可以就此迴避這個問題。當然，我們可以從無關緊要這幾個字歸納出結論，研判此人人格的方向與結構。尤有甚者，我們得注意，社會關係不僅僅局限於實際上結交朋友、會見他人；諸如友誼、同僚情誼、信任度和忠誠感等等所有抽象的特質，全都繞著這層關係打轉，個體針對社會關係的回應，則是他對這些重點的回應。

第二道重點問題涉及「個體有多想要善用自己的人

生」——他想要投入整體勞動分工架構的哪一塊領域。如果我們可以這樣說：「社會問題是由超越自我的存在、超越你我之間的關係所決定。」那麼我們或許就可以說：「這個問題是由人類與地球之間的基本關係所決定。」如果我們可以將個體當成全人類的縮影，他將和地球保持親密的共同性。他希望地球提供他什麼？正如第一道問題所示，職業相關問題的答案不是單向思考或與旁人無關，而是關乎人類與地球。這是雙面關係，人類無法自行其是。成功並非由我們個人意志所決定，反而是取決於客觀現實的關係。就此而言，個體針對職業相關的回應以及他採取什麼樣的方式回應，都會充分顯露他的人格與人生態度。

第三道基本問題出自「男女有別」的事實。再次提醒，這個問題的解方和個人、主觀要素無關，而是必須依據兩性關係的內在客觀邏輯所定。我在異性心中處於什麼樣的地位？這個典型的個人想法依舊是錯誤的。唯有深思熟慮圍繞著兩性關係的所有問題，才能歸結出正確解方。「任何偏離愛與婚姻這個問題的正確解方，都顯現出人格中的錯誤與缺失」言之有理。隨著這個問題的錯誤解方而來的諸多有害後果，也會被解讀成「源於人格中的根本缺陷」。

因此，從個體如何回應前述三道問題，我們可以發掘個體整體生命風格與特定的目標。這個目標可說是無所不在，它決定了個體的生命風格，還反映在他的一舉一動中。因此，如果他的目標是努力成為協作夥伴這個有益人生的目標，這個正向標記顯然將是個體面對所有問題的解方。所有解方終將反映出建設性的用處，而且個體完成富有建設性的有用活動之後，將會擁有幸福感、自我價值感與力量。倘使目標截然相反，倘使它指向與旁人無關、毫無用處的人生層面，個體將會發現自己沒有能力解決基本問題，而且提出妥善解方之後也感受不到喜悅。

　　這些基本問題息息相關，而且在融入社會生活期間，特定任務會衍生出這些唯有放在社會或社群架構之下，或說立足於社會情感基礎之上，才能妥善解決的基本問題，好進一步強化關聯性。這些任務始於童年早期，當時我們的感覺器官正依據社會生活的刺激日漸發育，好比眼看、口說、耳聽；然後是與兄弟姊妹、父母、長輩、熟人、夥伴、朋友及教師等建立關係。終其一生，它們都以這種方式持續演化，以至於個體若是切斷與夥伴之間的社會聯繫，就會茫然迷失。

　　因此，當個體心理學認定，對社群有益的事情就是「正

確」之舉，立場便會十分堅定。它明白，所有背離社會標準的舉措就是和「正確之道」對抗，引起與客觀定律與客觀現實必要性之間的衝突。這場與客觀性的衝撞，會引發諸多情感，第一種就是帶頭衝撞的個體「自我感覺毫無價值」，而且（若力量更強大）招致「感覺被冒犯的他人展開報復」。最後，我們可以說，**背離社會標準就是違反所有人內在的社會理想，而人人心中都會有意識或無意識的為它保留一席之地。**

　　個體心理學嚴正強調「『社會意識』（social-mindedness）可視為『發展指標』」，很容易就能理解並評估兒童的生命風格。兒童一旦遭遇到生活問題，將會表現出自己是否「已經」做足準備，彷彿正在接受檢視似的。換句話說，他會展現出自己是否具備社會情感，是否具備勇氣、理解力，以及追求普遍來說有益的目標。然後我們就能試圖找出他積極努力的模式與步調、自卑感的程度與社會意識的強度。這些元素都息息相關、滲入彼此脈絡之中，進而形塑一個自力成長、牢不可破的整體。這個整體牢不可破，直到結構浮現缺陷然後完成重建。

Chapter 2

看見兒童人格的
統一性

研究兒童的內心世界十分有趣，任何人接觸到任何一個層面都會著迷不已。其中最明顯的事實或許就是，為了理解單一事件的始末，他必須解鎖兒童生命的全面歷程。兒童的一舉一動看起來就像是在表達完整的生命與人格，因此，若是看不清隱藏在行為中的這一層背景，就很難理解他們行為的意義。我們將這種現象命名為「人格的統一性」（unity of personality）。

這種統一性的發展歷程——行為本身和表達這種行為的方式彼此協調，然後化為一種模式——往往是從幼年時期就開始。生活上的需求迫使兒童採用統一模式表達回應，而且這種應對各種情境的統一模式，不只建構了兒童人格，更個人化該兒童的所有言行舉止、與其他兒童區分開來。

多數心理學流派通常無視人格統一性的事實；或者說，就

算他們並未完全忽略，也沒有給予應有的重視。結果是，我們經常在心理學理論和精神病學實踐中發現，他們經常單獨挑出一道特別的手勢或一種特殊的表達方式，彷彿它是獨立存在的。有時候這種表現方式被稱為「情結」（complex），而且還會假設它可以從個體的整體行為中分割出來。不過這類過程很像把一個音符從一整段旋律中單獨挑出來，然後無視整段旋律，只嘗試理解這個音符的意義。這種手法並不適當，然而遺憾的是，這相當普遍。

個體心理學被迫表態來「反對這種普遍錯誤的立場」，因為一旦它被應用在兒童教育就會造成嚴重的傷害。這一點體現在懲罰理論時格外顯著。一般來說，當兒童做了可能討打的事情，下場會如何？大人應該先將兒童的整體人格所形成的總體印象考慮在內。這麼說沒錯，但是事實上，大人更常想起他們的缺點，畢竟如果兒童重複犯錯，教師或家長就會帶著偏頗的眼光看他，還會認定他沒救了。反之，如果一名兒童平日都乖乖的，偶爾犯個錯，大人就會看在總體印象良好的基礎上重重舉起、輕輕放下，這也是事實。儘管如此，無論是哪一個案例，我們都沒有抓到重點，那就是，**我們應該站在全面理解兒童人格統一性的基礎上探討錯誤發生的根源**；但是如今，我們卻先就定位，再把單一音符從整體旋律中抽出來，然後嘗試理解它們的意義。

當我們問一名兒童為何懶惰，其實不能指望他明白其中的

基本關聯，但是對我們來說，理解這一點相當重要。我們也不能期待孩子告訴我們他為何要撒謊。古希臘哲學家蘇格拉底（Socrates）徹底了解人性，曾說過一句流傳千年的名言，至今仍不時在耳邊響起：「認識自己何其難！」這個問題就連心理學家恐怕都答不出來，我們還有什麼權利要求兒童回答這麼複雜的難題？若想解讀個體某種行為的重要性以及背後的意義，就應該先找對一套方法理解兒童的整體人格。倒不是要描述兒童做了什麼、如何行動，而是設身處地理解，當兒童接到任務時會採取什麼樣的態度來面對它們。

以下例子說明，我們理解兒童的整體生活環境有多重要：

個案 忌妒剛出生妹妹的13歲男孩

一名13歲青少年是家中長子，妹妹出生前獨占了五年父母滿滿的關愛。過去，男孩不管要什麼，周遭人都很樂意滿足他的要求。母親無疑非常寵愛他，父親則是性喜寧靜的好脾氣先生，很享受兒子賴著他的感覺。由於父親是長年派駐外地的陸軍軍官，兒子自然比較親近母親。這位母親是聰慧、好心的女性，總是試著滿足黏人又固執兒子的每一項要求。儘管如此，她還是經常被兒子沒教養、動不動就用肢體威脅的舉止氣到不行。母子關係日益緊張，且主要是表現在兒子老是想要支配母親——對她發號施令、捉弄她，總之，就是隨時隨地都要唱反調、引起注意。

雖然男孩的行為讓母親苦惱，但是因為沒有出現特別異樣的惡劣行為，母親多半就讓著他、繼續幫他打點服裝儀容並完成回家作業。男孩相信，不管自己遇到什麼困難，母親都會幫他解決。不用說，他是個聰明的小孩，就像同齡學童一樣接受良好教育，而且還帶著優異成績進入小學直到8歲。8歲時，男孩出現了巨大的轉變，連父母都快要受不了。他不只自暴自棄、不修邊幅也不管體能發展，讓母親相當憤怒，而且一旦母親拒絕給他想要的東西，就會扯她的頭髮；男孩就是不想讓母親好過，總是擰她的耳朵或拉扯她的手。他不肯放棄捉弄人的把戲，隨著還是嬰兒的妹妹長大，更拒絕改正自己的這套行為模式。妹妹很快就變成惡作劇的新對象——倒不是說男孩真的會弄傷她，但他對妹妹的嫉妒再明顯不過。男孩的行為問題自妹妹誕生起就愈來愈惡劣，因為她成為全家人的生活重心。

必須特別強調的一點是，當兒童行為愈變愈糟，或是冒出一些過去不曾出現的不良行為時，我們不僅要考慮這種情況是什麼時候開始，更要找出造成的原因。採用「原因」（cause）這個詞彙其實有點勉強，因為一般人看不出來，為什麼妹妹出生反而導致長子變成問題兒童。儘管如此，這種情形時不時會發生，而且千萬不可以認為，其關聯不過只是長子單方面態度不當而已。它不是嚴格的物理學所定義的因果關係，不可以說成「因為小嬰兒出生，所以長子必定劣化」。物理學可以這樣主

張：一旦石頭落地，必定是以一定速度朝著一個方向下墜；不過個體心理學所揭示的調查結果有權聲稱：一旦心理「墮落」，嚴格定義的因果關係派不上用場──唯獨個人犯下的大小錯誤，會影響本人的未來發展。

不足為奇的是，人類的心理發展過程肯定會出現許多錯誤，而這些錯誤和其產生的後果環環相扣，並且體現在某些失敗或錯誤的偏好或取向中。這些都源於個體設定目標的心理活動，而設定目標與判斷力有關──也就是說，有可能會犯錯。設定或決定目標始於兒童早期，兒童2、3歲時，就會開始為自己設定卓越的目標，這個目標將會永遠位在前方，引領他以自己的方式努力朝此前進。現在，這個設定好的目標，多半與錯誤判斷脫不了關係；儘管如此，它或多或少仍然對兒童有約束力。這個孩子透過特定的行為、安排自己的人生來落實，長期且不斷的追求這個目標。

接著我們會看到，**兒童的發展，取決於他對所有事物的解讀**──這一點相當重要，務必謹記在心；明白另一點也很重要：一旦兒童遭遇全新的困難局面，就會落入老是犯同一道個人錯誤的循環。我們知道，這種情況影響兒童的深度或性格特徵不是取決於客觀事實或情境，就妹妹出生的個案來說，反而更是取決於兒童本身如何理解這項事實。這一點足以當成推翻前述嚴格因果論的充分證據：客觀事實與它們的絕對意義之間存在必要的連結，但是客觀事實與錯誤觀點之間並不存在這樣

的連結。

在我們的心理活動中，真正吸睛的一點是——**我們看待事件的觀點，決定了我們所採取的行動，反而與事實本身無關。**這一點至關重要，因為這就是我們所有活動的行為基礎，也是我們人格的形成基礎。在人類活動中，古羅馬時代的凱撒大帝（Cæsar）登陸埃及，正是一個主觀看法影響行動的經典案例。他在跳上岸邊時不小心絆倒在地，周遭圍觀的羅馬士兵都把這一幕視為不祥之兆。要不是凱撒大帝及時張開雙臂高喊：「你是我的了，非洲！」就算士兵再勇敢也早就掉頭離去。我們可以從中看到，現實影響我們行為的程度微乎其微，但是它的作用在於可以被結構化、整合良好的人格制約與決定。同樣的道理也適用群眾心理，以及它與理性之間的關係：若群眾心理遵循了理性，其原因並非環境導致，而是兩者剛好自發性有相同觀點。一般來說，除非錯誤觀點經過驗證然後被排除，否則理性不會浮現。

我們再回頭看小男孩的故事，或許可以說：他很快就發現自己情況不妙——再也沒有人喜歡他，他在學校也沒有進步，不過卻照樣我行我素。他繼續玩騷擾別人的把戲，而且漸漸變成其人格的完整表現。所以，會發生什麼事呢？每當他騷擾別人，馬上就會被處罰；他會收到糟糕的學校報告，或者是父母收到投訴信函。若情況日復一日惡化，學校最終會建議雙親：既然他看起來無法適應學校生活，不如幫他轉學。

或許落入這種情境時，沒有人比男孩更開心。男孩就是想要這個結果。他的行為模式所隱含的邏輯一致性，再次彰顯在他所抱持的態度，但這是一種錯誤態度，一旦形成就會保持下去。當他為自己定下「永遠成為眾人目光焦點」的目標，就是犯下基本錯誤。如果他應該為犯下的錯誤受罰，這個錯誤應該是「不當尋求關注」，而這項錯誤導致的後果之一便是：他老是試著要母親遷就他；二則是，他先過了八年像國王一般要什麼就有什麼的生活，卻突然間被奪走了。他一直是母親唯一的寶貝，母親對他來說也是唯一的存在，直到喪失特權那一刻到來。妹妹出世，他便使出激進的手段，想要奪回自己的王座和特權。他的這種做法又是另一種錯誤，不過我們必須承認，這類錯事並不代表他天性頑劣或邪惡。一旦兒童面臨事先毫無準備，身旁又沒有人可以指導、只能自己奮鬥的情況時，邪惡才會乘機冒出頭。舉例來說，兒童唯有在別人全心全意為他打點好一切的情況下，才算是做好心理準備；一旦進入完全相反的真實世界——好比入學，當導師必須關照全班學童，孩子卻一味強行索討更多注意力時，很容易就會惹毛導師。這類情況對被寵壞的孩子來說非常危險，但是其實他們一開始並非如此惡劣或無可救藥。

　　就這個男孩個案來看，他個人的生存基本模式與學校要求的生存基本模式出現衝突。若畫出男孩的人格方向與目標，以及學校生活制定的目標，就可以用圖表呈現兩者的衝突——兩

個目標各走各的。但是男孩生活中發生的每一件事，都是由他自己的目標所決定，我們可以說：他整個人格架構都必須朝這個目標前進。另一方面，學校期待每一名學童都有正常的生存基本模式，因此兩者無法避免互相衝突。但是學校不願意花精力理解這整個情況的心理層面事實，既沒有想要稍微讓步，也沒有試圖消除衝突的起源。

我們知道，男孩的生命是被一道主要渴望驅動，那就是要母親單獨照顧他。在他的生存基本模式中，事事物物或許都可以指向單一想法：我必須支配媽媽，我必須成為唯一可以支配她的人。不過其他人對男孩的期待不同，反而是希望他學著獨立、完成自己的學業和家庭作業，而且可以整理好自己的物品。但是這類期盼就好似把一匹性格暴烈的野馬拴在馬車上。

在這種情況下，男孩的表現自然不會是最佳狀態，一旦我們明瞭他的真實處境，就會表現出更多同情心。男孩在學校受到處罰對他毫無用處，只會讓他堅信自己不適合上學。當他被趕出校門，或是父母被要求幫他轉學，反而讓男孩更接近自己的目標。他陷入了錯誤的「統覺」（apperception）基本模式陷阱。他覺得自己贏了，因為他真的讓母親完全聽他的。母親必須再次全心全意為他付出，這就是他想要的結果。

看清楚整件事的真實狀態後，我們必須承認：斷章取義的挑剔男孩的錯誤並為此處罰他，其實一點用處都沒有。假設他忘記帶一本書——要是沒有忘記那才叫奇怪，畢竟他忘記帶書

就是為了給母親找事做——不只是單獨的個人行為，而是整套人格基本模式的其中一環。一旦我們記住，個體人格的所有表現都是整體前後一致的環節所組成，我們就會發現，男孩單純只是根據自己的生命風格採取行動而已。他採取的行動前後一致，都是根據本身人格的邏輯，這個事實便同時推翻任何指稱他沒有能力完成學校作業是出於智能不足的假設。智能不足的人沒有能力貫徹自己想要的生命風格。

這個極度複雜的個案還為我們帶來另一種觀點：所有人的處境或多或少都和這名男孩類似。我們的基本模式，我們對生命的主觀解讀，絕對不會和大眾接受的社會傳統完全一致。以前，人們都把社會傳統視為神聖不可侵犯，但是現在我們漸漸明白，人類的社會制度既不神聖也不僵固。它們全都位於發展演化的過程中，而推動它們進步的動力，就來自社會中每個人的努力。社會制度是為了個人而存在，而非個人是為了社會制度而存在。確實，個人救贖必須仰賴社會意識（Social institutions），但是這不代表強迫個人成為普洛克魯斯特（Procrustean）[3]式的社會傀儡。

這類個體和社會之間關係的思考，就是個體心理學的基礎，專門應用於學校系統、治療適應不良的兒童。**學校應該學**

3　譯注：希臘神話人物。普洛克魯斯特開了一家旅店，聲稱擁有一張適用所有人的床。他強將旅客押至鐵床上，若身子比床鋪還要長，就截斷他的雙腳；反之則拉長身子。「普洛克魯斯特的床」是一種比喻，類似「削足適履」。

著將學童視為具有整體人格的獨立個體，就像是一塊等著被打磨、擦亮的璞玉；學校也應該學會善用心理學的深刻見解，判斷學童的特殊行為。正如我們所說，學校不該將這些特殊行為看成獨立的音符，而是視為整段旋律中的一小部分——也就是人格的統一性。

Chapter 3

優越感與自卑感，
如何影響孩子的行為與人格

　　緊接在「人格的統一性」之後，關於「人性」最重要的心理事實，就是「追求優越感與成功」。這種追求當然與自卑感息息相關，因為要是我們不曾體悟自卑感，應該就不會有想要超越眼前情況的渴望。這兩道問題——渴求優越感和心存自卑感——真的是心理現象的一體兩面，不過我們為了方便說明，多少將兩者分開討論為佳。在這一章，我們應該僅嘗試探討追求優越感以及這麼做的教育意涵。

　　人們可能會想到的第一個問題是：追求優越感是不是與生俱來的能力，如同我們的生物本能。我們必須這樣回答：這是極不可能的推論。我們不會真的把追求優越感說成是天生的內在本性，但是我們必須承認其間必定有其基礎——必須有一個具備發展可能性的胚胎。或許我們最好這麼說：**人性與追求優**

越感的發展緊密相連。

當然，我們知道人類活動有一定的限制，而且有些能力我們就是發展不出來。舉例來說，我們的嗅覺絕對比不上狗，肉眼也不可能看到紫外線。不過有些功能性能力卻可以持續培養，好比我們看到「追求優越感的生物學根源和人格心理學開展的始末」就有進一步發展的可能性。

正如我們所見，在任何情況下都要堅定維護自我的這股動力，在兒童和大人身上都很常見，而且沒有任何方法可以抹除。人類無法忍受長期屈從的待遇，甚至還會推翻神祇。**被輕視、蔑視的感覺，加上不確定感和自卑的心情，總是會激發想要更進一步的渴望，以便獲得補償和達到完美。**

我們可以證實，兒童的某些特殊行為透露出，有一股環境力量在背後發揮作用，進而助長他們的自卑、軟弱和不確定感，而這又會反過來刺激與影響他的整體心理活動。**他們把擺脫這種狀態並解放自己當成目標，以便達到更高的層次並獲得平等的感覺。**他們心中這股努力向上的願望愈激烈，給自己制定的目標也就愈高，並四處尋找足以證明自己能力的證據——但這些證據往往超越人類的能力範圍。由於有時候，兒童會獲得各方的支持和幫助，他就有自己是上帝的想像。而兒童的各種想像會透露出：他們被這種彷彿自己是神的思想所控制。這種現象通常發生在自我感覺特別脆弱的兒童身上。

在此試舉一名14歲青少年的實例：他發現自己的心理狀

態十分糟糕。當他被問到童年印象時，回想起直到6歲才痛苦的明白自己就是學不會吹口哨。但是有一天，當他走出自家門口時，卻突然成功吹出口哨。當下少年也超級驚訝，以至於相信根本就是上帝顯靈、代他吹出口哨。這則故事清楚顯示，「自我感覺脆弱」與「覺得接近上帝」，這兩者之間的關係十分密切。

這股追求優越感的熱烈渴望，和一些明顯的性格特徵環環相扣。只要觀察這種傾向，就會看到這類兒童心中的全部企圖心。一旦這股自我肯定的渴望變得格外強烈，將不斷催生嫉妒。這種類型的兒童很容易發展出「希望自己的競爭者全都是牛鬼蛇神」的習慣，甚至不只是暗自希望而已——它們往往會引發精神疾病，更會讓兒童幹出壞事、惹出麻煩，甚至時不時就表現出明顯的犯罪跡象。這類兒童會造謠中傷他人、偷偷洩露內部祕密，還會貶低其他同伴，這樣一來他才會感覺到自我價值提高了，特別是當他正好被別人關注時。他自認為沒有人會超越他，因此不論是抬高自我價值或是貶損他人價值，對他來說都沒有差異。一旦這股權力欲望變得非常強大，充滿惡意與報復念頭的本性就會表露無遺。這些兒童會永遠擺出挑釁和好鬥的態度，並且表現在外顯行為上，好比目露凶光、突然暴出憤怒情緒，而且隨時準備和假想敵大幹一場。對將追求優越感當作目標的兒童來說，參加考試簡直就是落入人間煉獄，因為這種方式很可能三兩下就暴露出他們沒有價值。

這個事實顯示，針對不同的兒童採納合適的測試是必要的。「測試」對每一位兒童的意義都不一樣。我們經常可以發現，把測試視為繁重工作的兒童，臉色會一陣紅、一陣白，然後開始結巴顫抖，因為害羞和恐懼而動彈不得，腦袋也變得一片空白。有些則是只有混在人群裡才敢回答問題，要不然就一個字都答不出來，因為他們老是猜想別人都在盯著自己。兒童對優越感的渴望也將不由自主的表露在玩遊戲時。強烈渴望優越感的兒童不會允許自己扮演馬匹，但其他同儕卻扮演車夫；他永遠都想要扮演車夫，試圖領導並指揮別人。不過一旦他被過去缺乏扮演類似領導角色（車夫）的經驗限制，以至於無法勝任時，就會破壞整個遊戲，讓別人也沒得玩。要是他接二連三遭受種種挫折打擊，企圖心就會慢慢被消磨光，陌生情境反而會讓他卻步不前，而非激勵他勇於向前。

　　企圖心旺盛而且沒有被挫折打敗的兒童，將會對各種形式的競爭遊戲和比賽表現出躍躍欲試的樣子，不過一旦失敗也會顯得驚慌失措。從兒童熱愛的遊戲、故事、歷史角色和現實人物中，我們經常可以看出他們渴望實現自我肯定的程度及方向。就成年人個案來說，我們經常看到法國皇帝拿破崙（Napoleon Bonaparte）有狂熱的崇拜者，而拿破崙就非常適合成為這些野心勃勃成年人的偶像。**沉迷在狂妄自大的白日夢裡，經常就是強烈自卑感的象徵，它會刺激遭遇挫折的人跳脫現實，尋找精神和心理的自我滿足與自我陶醉。**類似的快感經常在夢中發

生。

　　觀察兒童追求優越感方向各不相同時，我們發現差異變得十分顯著，因此可以將它們區分成幾種特定類型。當然，我們無法非常精準的分類，因為追求方式很多，所以主要是採取「兒童本身表現出來的自信程度」當作決定標準。兒童的發展過程若是沒有遭遇過阻礙，會將追求優越感的努力導向有用的成就；他們試圖博取教師的好感、注重秩序、逐漸成長為心理健全的學生。然而，那類個案並非多數。

　　還有一些兒童老是想要贏過同儕，因此執意超越他人，強烈程度讓人十分不解。這種努力方式經常含有誇張的企圖心，但極容易被忽視，因為我們普遍認定企圖心是一種美德，還會鼓勵兒童進一步發揮。通常，這是錯誤做法，因為太強烈的企圖心會阻礙兒童發展。日益膨脹的企圖心會產生一種壓力，或許短期內能夠承受，但一旦時間拉長，無可避免就會看到壓力過大的跡象。兒童可能花太多時間留在家中讀書，因此捨棄其他的活動。這類兒童經常會迴避其他問題，單單是為了在學校名列前茅。對於這樣的發展，我們並不滿意，因為這類情境會使得兒童的身心無法茁壯成長。

　　這類兒童的生活目標只為了超越他人，但並不是成長的最佳方式。總有那麼一天，他應該要被告知：別花那麼多時間念書，而是出門呼吸新鮮空氣、找朋友玩耍、做些其他活動。雖然這類兒童不多，不過看到的機率也夠頻繁了。

除此之外，同一個班級的兩名小學生之間，也常會出現檯面下的競爭。若有機會近距離觀察這種現象，任何人都會發現，這類競爭心強烈的兒童有時候會發展出不特別討人喜歡的特徵。他們變得善妒、愛吃醋，這些特徵肯定不是獨立、和諧的人格；他們看到其他兒童成功就會生氣，而且當其他人領先時，就會開始出現緊張、頭痛、胃痛等毛病；當其他兒童受到稱讚，他們就會默默走開，當然也絕對無法開口誇讚別人。這是嫉妒的表現，但沒有充分反映這類兒童過度的企圖心。

這類兒童無法和班上同學融洽相處，因為無論做什麼，他們都想當老大，即使是玩普通遊戲也不甘屈居第二。結果是，他們不喜歡玩團體遊戲，還會傲慢的對待同學。每次和同學接觸，只是惹得自己不開心；而且和同學接觸的次數愈多，他們相信自己地位不穩固的不安感就愈強烈。這類兒童從來不相信自己的成就，而且一旦覺得自己陷入不安的氛圍，就很容易驚慌失措。別人加諸在他們身上的期望，以及他對自己的期待，都讓他們難以負擔。

這類兒童往往也非常敏銳，他們能察覺到家人賦予的期待。他們會雀躍而緊張的完成眼前的每一項任務，因為他們總是想超越他人、想要成為「鎂光燈焦點」。他們感覺得到期待重重的壓在肩上，但是只要情況有利，就不會放下這個重擔。

如果人類有幸被真理庇佑，得以早日發現一種完美方法，讓兒童免受這些難題困擾，或許就不會再看到所謂的問題兒

童。但是由於沒有這類方法，加上我們無法提供兒童理想的學習環境，顯而易見的是，這些兒童背負的急切期望就是一顆燙手山芋。他們面臨的困難將與其他兒童截然不同，因為後者無須背負這類不健康的企圖心。在此所謂的困難是「不可避免的困難」，讓兒童避免困難是不可能的。而這種局面有一部分歸咎於我們的方法尚需進一步發展、不適合套用在每一名兒童身上，且我們還在不斷尋求改善之道；另一部分原因則是兒童的自信心被日益膨脹的企圖心所破壞，他們缺乏必要的勇氣面對、進而克服困難。

企圖心太旺盛的兒童只關心最終結果，因為這相當於認同他們成功。成功若沒有博取認可，就不能讓兒童心滿意足。我們看過許多兒童個案，當困難出現在他們眼前時，維持心理平衡遠比實際上立即著手解決更重要。被迫有旺盛企圖心的兒童本身並不明白這一點，只會覺得少了他人仰慕，自己幾乎就不可能活下去。結果是，到處看得到許多仰賴他人提供意見的人。

「沒有失去心理平衡」有多重要，可以從與生俱來就帶著器官缺陷的兒童個案中看出來。當然，這類個案相當常見。許多兒童的左半邊發展得比右半邊好，但很少人知道這項事實。左撇子兒童在這個以右撇子為主的社會中，常常吃苦頭。兒童是左撇子還是右撇子，需要運用一些特定方法才能確定。我們發現，寫作、閱讀和畫畫方面特別吃力，而且雙手異常笨拙的

兒童，幾乎無一例外都是左撇子。有一道簡單但不是確切的方法，可以判別究竟兒童是右撇子或左撇子。通常，左撇子兒童在雙手互握時，左手大拇指會壓在右手大拇指上方。這個方法會讓我們驚訝的發現，有許多人其實天生是左撇子，只是自己渾然不知。

大規模研究左撇子兒童的生活史時，我們發現了以下事實：首先，這類兒童通常被視為粗手粗腳或是行動笨拙（在總是考慮右撇子的便利性為前提下，也難怪他們會變成這樣）。若想理解他們的處境，只需要試著想一下：當我們已經習慣靠右行駛的交通規則，突然來到靠左行駛的小鎮，好比英格蘭或是阿根廷，光是要過馬路就讓人超級困惑。要是左撇子兒童的家人全部都是右撇子，他會發現自己的情況更糟糕。他慣用左手的習慣不僅會干擾家庭，也會為自己帶來諸多不便。當他進了學校開始學習寫字，會發現自己比不上平均水準。由於所有人都不明白箇中原因，他只能被責罵、收到難看的成績單，而且一天到晚被處罰。這名兒童無法解釋自己的情況為何如此，只能認定自己在某些方面就是比不上其他同學。他的內心因此志氣全消、覺得在某方面自慚形穢，或是認為根本沒有能力與他人一爭長短的感覺。由於在家中也會因為粗枝大葉被責罵，他只會確信自己低人一等。

當然，這些孩子不必然會認輸，但確實有許多兒童，在這類令人灰心喪志的情境下放棄努力。由於他們不理解自己的真

實處境，加上沒有人向他們解釋應該如何克服困難，便難以奮戰下去。許多人字跡潦草不清，也可以歸因於右手沒有被充分訓練。事實證明，這道障礙是可以克服的，因為有人發現，很多傑出的藝術家、畫家和雕刻家都是左撇子。儘管這些人都是左撇子，卻能單憑強迫右手接受訓練，就發展出善用右手的能力。

有種迷信認為，左撇子若訓練使用右手會「結巴」。有人用以下事實解釋這種迷信：

這類兒童面臨的困難太巨大了，有可能因此失去開口說話的勇氣。這也是為何有人發現，在所有表現出其他負面行為的人當中（好比神經質患者、試圖自殺者、罪犯、行為反常者等等），左撇子的比率高得不像話。另一方面，也有人經常發現，刻意改變自己左撇子天性的人，往往有高成就，而且多半發生在藝術圈。

無論「左撇子」這個單一特徵所彰顯的意義多麼微不足道，依舊教會我們非常重要的一件事：**除非我們讓兒童的勇氣和毅力發展至某個特定程度，否則無法判定兒童的能力和潛力。**當我們恐嚇兒童並剝奪他們對美好未來的希望，對我們來說，他們還是有能力繼續生活；但是，假使我們強化他們的勇氣，兒童將有能力取得更大的成就。

企圖心過盛的孩子，日子不好過，因為外人總是習慣透過

成就來判斷他們，而非根據他們是否能面對並克服困難。現今，大家也很習慣關注看得見的成功，而非教育。我們知道，不勞而獲的成功多麼容易轉瞬即逝，因此訓練兒童滿懷企圖心沒有什麼好處；更重要的是訓練他具備勇氣、堅忍和自信，這樣他才能體認到失敗時永不氣餒，而且應該視「失敗為需要被解決的新問題」。如果教師有能力看出「什麼時候兒童付出的努力可能白做工；什麼時候又是一開始就用對力氣」，事情肯定會容易多了。

因此我們發現，「努力追求優越感」可能會顯現在性格特徵上，像是野心勃勃。有些兒童努力追求優越感的最初形式是出現強烈的企圖心，但要是有另一名兒童已經遠遠超越他，他便會中途放棄。許多教師遵循慣例，訓練那些沒有意願充分發揮企圖心的兒童，或是刻意壓低分數以便喚醒他們沉睡中的企圖心。倘若這類兒童心中還有一絲勇氣，這一招偶爾管用；然而，我們不建議普遍使用。對那些學業瀕臨危險邊緣的兒童來說，他們將會完全不知所措，進而被這種對待方式推入明顯愚笨的狀態。

另一方面，當我們採取溫和、關愛與理解的方式教育兒童，我們經常會因為他們展現出不曾預期的智力和能力而驚訝。確切來說，若改用這種方式來對待兒童，他們反而經常展現出比較強烈的企圖心——但那只是因為他們害怕又落入先前的狀態。過去的生活方式和缺乏成就感歷歷在目，就像警示燈

一樣不斷敦促他們前進。在往後的人生中，許多人表現得猶如著了魔——他們日以繼夜不斷工作、飽受過勞所苦，卻還認為自己永遠做得不夠。

當我們銘記個體心理學的主要概念「不論兒童或成人，所有個體的人格都是統一的整體；而且人格的表現通常會和個體逐漸建立起來的行為模式一致」時，一切都會變得清晰。**我們不該論斷某位個體的某個行為，卻把它從人格中抽離，因為每個特定行為，可能有不同的解讀方式。**當我們通盤理解特定行為或動作，判斷時的不確定性就會立刻消失——舉例來說：我們可以將「拖拖拉拉」視為孩子面對學校賦予的任務時，不可避免的反應。它可以簡單代表：孩子寧可不要和學校有任何牽扯，這樣一來，就不用費事完成學校交辦的要求。事實上，他會盡一切努力不遵守學校的要求。

從這種觀點出發，我們就可以看清楚「壞」學生的整體概況。我們看到，一旦兒童追求優越感的努力不是表現在「接受學校」，而是「反對學校」，就會發生悲劇。一系列典型問題行為就會出現，而且還會愈演愈烈，逐漸淪至無可救藥甚至不可挽回的地步。這些兒童有可能變成搞笑的丑角，除了老是玩一些惡作劇娛樂其他人，什麼事也不做；或者他有可能會惹毛同學；又或者乾脆就逃學曠課，和壞朋友混在一起。

此時我們會發現，原來我們掌握的不只兒童在校的命運，就連日後發展也是。學校提供的教育和訓練以一種至關重要的

方式，決定個體未來的人生。**學校將家庭和社會生活連接起來，它有機會矯正家庭教養形成的錯誤生命風格，也有責任讓兒童做好適應社會生活的準備，同時也確保在「社會」這個超大型管弦樂隊中，會和諧的扮演好自己的角色。**

回顧歷史上學校所扮演的角色就會看到，它總是試圖依據當代的社會理想形塑所有個體，因此貴族學校、宗教學校、中產階級學校到民主學校相繼問世，總是根據當時的背景和統治者的命令教育兒童。至今，社會理想正在改變，學校為求一致也必須跟著轉變。因此，如果當今理想的成年人典型是獨立自主、自我控制和勇敢的男性或女性，學校就必須調整，才能培育出接近這種理想典範的個體。

換句話說，學校不應該自認為是教育的終點，而是謹記「學校是為了社會（而非在校生活）來訓練個體」。因此，它必定不能忽略「已經放棄成為模範學生」的兒童。這些兒童不一定缺乏追求優越感的企圖心，而是將注意力轉向不需要太過努力的事情，以及那些他們相信，無論對錯，最終都比較容易成功的事情上。這有可能是在幼童時期，無意間透過其他活動自我訓練了。也因此，他們可能不會變成絕頂聰明的數學家，但是有可能在運動項目出類拔萃。教育者不應該貶低任何這類顯著成就，而是善用這一點當作出發點，鼓勵兒童在其他領域中求取進步。當教育者從兒童單方面的長處出發，並且善用這一點，讓兒童相信自己做其他事情也能成功，教育這項任務就會

輕鬆得多。這就好像誘導兒童從一片果實累累的牧草地，轉戰另一塊潛在領域。除了智力低落的學童，所有兒童都有能力成功完成學校功課，因此需要克服的唯一關卡，只是人為設下的障礙。這道人為設下的障礙，起於大人將抽象的學業成績當作評判基礎，而非教育與社會最終的目標。就兒童來說，這道障礙反映出他們欠缺自信，附帶的結果則是，兒童追求優越感的努力，有可能因為找不到適當的表現方式，導致有益活動硬生生喊卡。

在這類情況下，兒童會怎麼做？他會想盡辦法逃脫。我們經常可以發現，兒童表現出「實際上不會引來教師稱讚，但確實可能吸引教師注意力」的古怪行為，或是可能「只想讓其他兒童仰慕他，而表現得魯莽無理或冥頑不靈的樣子」。透過干擾別人，這類兒童常常會覺得自己是英雄或是有力量的小巨人。

這類心理表現和偏離合宜常規的行為，會在入學階段冒出。雖然是在校期間浮現，但追根究柢，不能歸納成學校的問題。也就是說，從消極被動的角度來看，學校除了肩負積極教育與糾正錯誤的使命，充其量也只是揭露早期家庭教養弊端的實驗場域而已。

一位稱職、善於觀察的教師可以從兒童入學第一天就看出許多端倪。面對這個新環境（學校）時，許多被驕縱的孩子往往會在第一時間暴露出來，因為學校讓他們痛苦、不適。這類

兒童沒有和他人打交道的實際經驗，因此他是否可以交得到朋友就很重要了。兒童在入學前就先學會一些和他人打交道的知識，是比較好且可取的做法。他不該依賴某個人，而排除了其他人。家庭教養的錯誤必須在學校被矯正回來，不過最好是在入學時，或是孩子沒有明顯受到這種錯誤影響前。

　　你不能指望在家裡就被寵壞的兒童，突然能專注於學業。這類兒童注意力不足，會表現出想要繼續賴在家裡而非出門上學的渴望──事實上他根本沒有「學校意識」。這類厭惡上學的徵兆，很容易就能偵測到──父母早上必須連哄帶騙要孩子起床；必須一再催促他做這個、那個；還會發現他吃早餐時拖拖拉拉等諸如此類的行為。看起來，這類兒童似乎已經築起一道無法跨越的障礙，好阻止自己進步。

　　這種情況的解方，就和面對左撇子時如出一轍：我們必須提供這類兒童時間學習，而且必須在他們上學遲到時不處罰他們，因為那樣反倒會強化「上學不快樂」的感覺。在兒童看來，這類處罰只會讓他們更確信自己不屬於學校。一旦父母為了強迫兒童去上學而鞭打他們，兒童不僅會拒絕上學，更會處心積慮來應對自己的處境──當然，這些都只是逃避困難的方式，不是真正面對困難。我們可以從孩子的每個動作、行為上，看見兒童厭惡上學、無法應付學校問題。他絕對不會隨身帶著課本，甚至老是忘記或搞丟它們。一旦兒童養成忘記或搞丟課本的習慣，我們就可能確定他的學校生活不太如意。

檢視這類兒童的狀況時，無可避免會發現——對於在學校獲得那怕最小的成就，他們都不抱希望。這種「自我感覺低落」不完全是他們自身的錯，周遭環境也推著他們往這個錯誤方向來看待自己。家裡要是有大人生氣，就會隨口預言兒童未來前途渺茫，不然就是罵他們愚笨或一文不值。這類兒童入學後只會發現，在學校發生的一切不過就是驗證這類指控，而且他們缺乏判斷力、分析能力，足以矯正自己的錯誤解讀——通常，他們的家長也缺乏這類分析與判斷能力——他們甚至會在試圖整裝上陣之前，就乾脆先逃離這場戰役，還會將自己搞出來的失敗，當作一道無法跨越的障礙，並視為自身無能、低人一等的鐵證。

　　既然情況通常都是：一旦犯錯，矯正錯誤的機會就很低；加上：通常這些兒童就算十分努力，卻依舊遙遙落後，他們很快就會放棄努力，轉而努力編造逃離學校的藉口。蹺課——也就是逃學——是最危險的徵兆之一。這種行為被視為最惡劣的罪過之一，懲罰通常也很嚴屬。兒童會相信自己是被迫用狡猾和扭曲事實的伎倆，來逃避懲罰。還是有一些方法會讓他們繼續走上錯誤的道路，例如：偽造家長簽名並竄改成績單；對家人編造一堆自己在學校時都做了些什麼的謊言，但事實上他們已經有好一段時間沒有踏進校門；就算進了學校，他們也會找個地方躲起來——不用說，他們找到的這類藏身之處，通常早就是其他蹺課兒童窩藏過的地點。這樣一來，單單只是蹺課的

話，依舊沒有滿足這些兒童追求優越感的渴望，而會驅使他們採取更激烈的行為，也就是以身試法。他們在錯誤的道路上愈走愈偏，最終犯了罪。他們成群結黨、開始行竊、學會變態的性行為，還因此自我感覺這就叫做長大了。

既然都已經跨出這麼一大步，他們現在會尋找更多獵物以滿足自己的企圖心。由於他們的行為一直沒有被察覺，便覺得自己有能力犯下最狡猾的罪行。這一點足以解釋，為何這麼多兒童終其一生不會放棄犯罪生涯。他們一心想在這條犯罪道路上走得更遠，因為他們相信，自己在其他方向絕對不可能成功。他們會排除可以刺激他們投入有益活動的所有事情；他們的企圖心一再受到身邊不良同夥的行為刺激，進而驅使自己做出非社會或反社會的行為。我們總會發現，帶有犯罪傾向的兒童，也總是極度自負。這種自滿之情的根源就和企圖心如出一轍，會敦促兒童繼續採用各種方式凸顯自己。當他無法在生活中的積極面為自己找到容身之處，就會轉向消極面。

來看一個男孩弒師的案例：深入調查這起命案就會發現，這名男孩具備以上所有特質。男孩長期在家庭女教師精心但太過神經質的教育下成長，女教師也相信自己精通心理活動的表現和功用。然而這名男孩卻對自己失去信心，因為企圖心過高卻一事無成——也就是「完全灰心喪志」的地步。家庭和學校生活都無法滿足他的期望，所以他乾脆轉而犯法，以掙脫家庭教師和兒童教育專家的掌控。然而我們的社會，一直沒有「將

青少年犯罪當作教育問題來治療」的機構——我指的是矯正心理錯誤。

　　對曾經從事教育相關工作的人來說，這裡有一件讓人好奇的事實，也就是：我們經常發現，任性不受控的兒童通常出身自教師、官員、醫師和律師的家庭。而且，這種情況不僅發生在專業度不高的教育者家庭，也會發生在我們認為是權威人士的教育者家庭。儘管擁有高度教育專業，他們似乎無法為自己的家庭帶來平靜和秩序。針對這一點的解釋是：在這類家庭中，某些重要觀點不是被完全無視，就是沒有被全面理解。之所以會出現這種困難，有一部分源自家長自認為權威，而將嚴格的規則強加在家庭裡。這些家長嚴苛的壓迫兒女，不僅威脅到孩子的獨立性，也經常剝奪了他們的獨立性。表面上，似乎是他激發了兒女反抗之心，迫使他們報復這些深植於記憶中的壓迫行為。我們必須記住，**父母刻意的管教，反而會過度關注兒童的一舉一動。多數時候，這種監護或許有好處，但是套用在自己兒女身上時，往往會導致他們總是想要成為關注焦點。**他們會認為自己是公開展示的試驗品，也會認為其他人才是做決定的一方、必須為他負責。兒童一絲責任都不用扛，而其他人必須為他排除萬難。

Chapter 4

教育者，必須導正孩子
追求優越感的方向

我們已經知道，兒童都會努力追求優越感。**父母或教育者的責任，就是將他們的努力追求導向有效、有益的面向。**他必須確保，孩子的努力可以獲得心理健康與幸福，而非精神疾病、身心失調。

如何實現這一點？區分追求優越感的結果是有用或沒用的依據為何？答案是「社會群體的利益」。若認定任何人實現任何成就、任何事情的價值，都與社區無關，簡直匪夷所思。回想一下在我們看來高尚、崇高、有價值的偉大事業就知道，應該要認定它們不只對實踐者來說彌足珍貴，對社會群體通常亦然。因此，我們必須有條理的安排兒童教育，這樣兒童才能體認到社會情感，或是一種和社會群體站在一起的團結感。

那些無法理解社會情感的兒童會變成問題兒童。但他們也

只是兒童，不過追求優越感的努力沒有被導向有益的面向。

　　何謂對社會群體有益確實見仁見智。不過有一點倒是很肯定：從果實的狀況，我們就能判斷樹的好壞。因此任何特定行為的結果，都可以顯示對社會群體來說有用或沒用。這也意味著，我們必須考慮到行為發生的時間和成效。最終，這項行為必須與現實邏輯有所交集，而這也會顯示這項行為和社會群體的需求有多少關聯。普世的架構就是判斷標準，該行為的最終結果究竟是違背或順應標準，遲早會被攤在陽光下。此外，所幸在日常生活中，不是一天到晚都得面臨需要動用複雜判斷技巧的情境。至於社會變動、政治趨勢等我們無法清晰預見其成效的潮流，能否評判尚有爭議。然而，即使是這些成效，最終都會表明：究竟特定行為是否有用或正確──不論全體或個人生活。從科學觀點來看，我們不能稱呼任何一種行為是良善或有用的，除非它是解決生活問題的絕對真理和正確途徑，而生活問題又受制於地球、宇宙和人類之間的相互關係。對我們來說，這些客觀的、全人類造就的條件，就像是一道數學題，答案其實就藏在其中，只是我們不一定能解開。我們只能從這個問題的數據，試著判斷解決方法正確與否。有時候會太晚嘗試這些解決方法是不是真理，以至於根本沒有時間矯正錯誤。

　　若個體無法採用邏輯、客觀的角度看待自己的生活架構，很大程度來說，他也無法看清楚自己行為的一致性和連貫性。當問題冒出來，他們就會膽戰心驚，不僅不動手解決問題，還

會認為是自己走錯路，才會遇到問題。我們同時也要記住，就兒童來說，當他們偏離有益的正途，就沒有機會從負面經驗學到正向教訓，因為他們根本不理解問題的箇中意義。因此，**我們必須教育兒童檢視自己的生活，但不是視為一連串毫不相關的獨立事件，而是視為一條貫穿生命中所有事件的連續長線。**沒有任何一件事可以從他的整體生活脈絡中抽離；唯有串聯以往發生的一切，才能解釋生命的全貌。當兒童理解這一切，就會了解為何自己當初會誤入歧途。

進一步討論追求正確與錯誤優越感的不同之前，或許先討論那些「看似和我們普遍理論矛盾」的行為比較妥當，而這種行為是指「懶惰」——這是其中一種形式，表面上看起來，它和我們認為「兒童天生都有就追求優越感傾向」的觀點衝突。事實上，懶惰的兒童會受到責罵，就是因為他沒有展現出追求優越感的努力與野心。不過如果仔細檢視懶惰兒童的狀況，應該會看到原先的觀點錯得有多離譜。懶惰兒童具備某些特定優勢，他只是沒有扛起他人對他的期待；就算沒有完成這麼多成就，多多少少也能被原諒；他不用咬牙苦撐，因此就表現出一副吊兒郎當、隨便懶散的態度。然而，出於懶惰，他經常成功的讓自己受到關注，而父母會發現自己必須費心盯緊著他。仔細想想「有多少兒童不計一切代價想要獲得關注」，就能清楚看見「為何有些兒童會倒行逆施，透過懶惰讓自己成為焦點」。

然而，這並非對懶惰的完整心理學解釋。許多兒童採取懶

惰的態度以緩解自身處境。他們明顯缺乏能力與成就的狀況，總是被歸類為懶惰。很少人會聽到他們被指控「缺乏能力」；反之，他們的家人通常會說：「他要是不那麼懶惰，有什麼事辦不到？」兒童會滿足於「只要自己不那麼懶惰，什麼事都能辦到」的認知。對極度缺乏自信的兒童來說，這是修補自我的安慰劑。這是成功的替代品，而且不只適用於兒童，成人亦然。這種荒謬假設——也就是「如果我不那麼懶惰，有什麼事辦不到？」——會緩解他們受挫的感覺。一旦這類兒童真的動手做了什麼事，就會自己把小成就放大成具重要意義的成就。這種芝麻綠豆般大小的成就，和之前一貫缺乏成就形成鮮明對比，結果是：他們為此受到讚揚，但是勤奮主動獲得更大成就的兒童，得到的讚揚較少。

因此，我們可以看到這是一種隱身在懶惰背後，不為人知的圓滑手段。懶惰兒童很像是走鋼索的人，但下方早已鋪好網子；當他們失足墜落，也只是落在軟軟的網子上而已。大眾對懶惰兒童的批評，比其他類型兒童來得溫和，比較不會傷及自我。比起被說是無能，被說是懶惰傷害較小。簡言之，**懶惰就像屏障，掩蓋住兒童缺乏自信的真面目、阻礙他去解決眼前的問題。**

如果細想當前的教育方式，就會看到它們剛好正中這些懶惰兒童的下懷。被責罵得愈多，懶惰兒童就愈接近自己的目標——因為大人把所有時間都用來盯緊著他，並且將注意力從

能力問題轉到別的面向，正好如他所願。懲罰的最終效果大同小異。教師都認為懲罰懶惰兒童可以改掉他的毛病，但經常以失望告終。即使是最嚴厲的懲罰，都無法讓懶惰的兒童變得勤快。

如果情況改變，例如當這類兒童實現某種意想不到的成功，也是環境使然。或者，有可能是因為孩子的教育者從嚴師換成了較為慈祥者，而且新教師理解這名兒童，用誠摯的態度和他談話，並且給予他全新的勇氣，不再打壓他微弱的勇氣。在這類情境下，孩子有時候會突然變得勤快。因此，我們會看到：原本在入學幾年間一路發展落後的兒童，在換了新學校以後，因為環境改變而表現得異常勤勉。

有些兒童不會用懶惰的方法，而是以裝病來逃避有益的活動。有些兒童則會在考試期間異常激動，因為他們認為，要是表現出神經緊張的樣子，就能獲得一些偏愛。同樣的心理傾向也會體現在愛哭的兒童身上——哭泣和激動的表現，都是在求取特權。

也有某些兒童帶有某種缺陷，和上述兒童一樣需要受到特殊照顧——好比口吃。那些經常和幼兒長時間接觸的人會發現，孩子在牙牙學語階段幾乎都會出現輕微的口吃。正如我們所知，口語表達發展會受到許多因素影響而加快或減緩，首先就是社會情感的感知程度。具有社交傾向的兒童會想要和人類同伴接觸，學習說話的速度也會比那些會避開他人的兒童更

快、更容易。甚至在某些情境下，開口說話根本是多此一舉——例如：有些兒童被過分保護與溺愛，在他有機會說出口之前，大人就已經洞悉並即時滿足他的每一道願望（但是這類做法對聾啞兒童來說，卻是必要之舉）。

　　一旦兒童到了4、5歲還沒學會說話，父母就會害怕他們是不是有生理上的缺陷。不過父母很快就會留意到，其實孩子的聽力完全沒問題，也就排除了這項假設。另一方面，我們觀察到，孩子確實生活在「開口說話是多此一舉」的環境中。如俗話說「每一樣事物都被『放在銀盤上』端到兒童面前」，他根本就沒有開口說話的迫切需求，那麼兒童就會很晚才開始學說話。「開口說話」可以呈現兒童對卓越感的追求與發展方向，他必須開口說話，才能表現出正在努力追求卓越——不論是開口說話來取悅家人，或是開口說話以滿足自己的正常需求。一旦沒有這兩種表達形式的任何跡象，我們自然可以預期孩子在學習開口說話的發展過程中困難重重。

　　「口語表達困難」也有其他形式，好比很難發出「r」、「k」、「s」這些特定子音[4]。這些問題都有方法治癒，因此值得留意之處反而是：「為什麼有那麼多成年人說話結巴、口齒不清，或者咕噥難懂？」

　　多數兒童都會在成長期間漸漸擺脫口吃毛病，只有一小部

4　譯注：以注音符號來說，相當於「ㄦ」、「ㄎ」、「ㄙ」等特定音符。

分人必須接受治療。這種治療過程涉及的狀況或許可以試舉13歲青少年個案來加以說明：

個案 無法擺脫口吃問題的13歲男孩

男孩6歲時開始接受治療，但一年後宣告失敗。隔年，他沒有再尋求專業協助，接下來那一年則又找了另一名醫師，只是到頭來依舊沒有成功。因此第四年的時候，男孩什麼也沒有做。到了第五年，前兩個月他被交付給一位語言專家，結果反而讓他的口吃惡化了。過了一段時間他被送去一家言語障礙的專門機構，治療不過兩個月就痊癒，哪知隔了半年老毛病又復發。

接下來八個月，男孩被轉手給另一位語言醫師，這一次，他的毛病非但沒有好轉，甚至隨著時間慢慢惡化。然後又換了一位醫師，但這位醫師最終還是舉白旗投降。在接下來的那個暑假，雖然男孩的情況有所改善，但是假期一結束他就退回一開始的結巴狀態。

男孩的治療過程多半都是要求他反覆大聲朗讀、慢慢說話之類的，明顯可以看到，有些刺激會有短暫改善，但最終都是一再復發。雖說這名身形弱小的男孩曾經從二樓掉到地面而有過腦震盪，但是沒有什麼器官缺陷。

曾經教過男孩一學年的老師，形容他是「家教良好、勤奮向學的小傢伙，但是動不動就臉紅、有點脾氣」。老師還說，男孩最差的是法語和地理，每逢考試期間就特別容易焦躁不安。這

位老師留意到，男孩對體操和運動特別感興趣，也喜歡技術性的科目。男孩並未在任何方面表現出領袖特質；他和同學相處融洽，不過偶爾會和弟弟爭吵。男孩是左撇子，去年右臉曾經中風癱瘓。

看看男孩的家庭環境後，我們發現：男孩的父親是生意人，非常容易神經緊張，而且一旦男孩開始口吃就會嚴厲責罵。儘管如此，男孩更害怕母親。家中請了一位家庭教師，因此男孩很少出門，也非常不自由。他覺得母親特別偏愛弟弟，很不公平。

基於這些事實，可以如此解釋：男孩動不動就臉紅，其實代表「一旦需要社交，緊張感就會立刻增加」。如表面所見，這一點和他的口吃習慣有關。即使是他喜歡的老師，也無法讓他擺脫口吃的毛病，因為口吃已經變成身體機制的一部分，用以表示他不喜歡其他人。

我們知道，引起口吃的動機不在於外部環境，而是個體對所處環境的感知方式。從心理學角度來看，他會發脾氣這一點意義重大，代表他不是被動型兒童。他爭取認同感和優越感的努力，體現在發脾氣上，就和多數天性脆弱的個體如出一轍。彰顯內心挫折的其他證據，就是他只和弟弟爭吵這項事實。男孩容易在考試來臨之前感到焦躁，顯示出他因為害怕自己無法成功，也害怕能力比不上其他人而倍感緊張。他有股強烈的自

卑感，導致他努力追求優越感的方向錯了。

　　由於在家中的處境不如在學校愉快，因此男孩很樂意去上學。在家中，弟弟才是關注的焦點。身體傷害與心理恐懼，不太可能是男孩口吃的根源，不過可能有一項是剝奪男孩勇氣的幫兇。而男孩的弟弟一向把他推向家庭邊緣地位，因此對他的影響更大。

　　還有一點深具意義，男孩直到8歲才不再尿床，這種徵兆多半只會出現在一開始就被寵壞和溺愛，但是後來反而被「棄愛」的兒童身上。**尿床是一項確切的指標，代表：即使是半夜，他都在力爭母親的注意力。**在該案例中，這是小男孩不甘願獨處的訊號。

　　透過鼓勵並教育男孩如何獨立，就可以治癒他的毛病。在過程中，我們必須為男孩安排可以自己完成的任務，並且讓男孩從完成的成就感中獲得自信。男孩承認自己很討厭弟弟出生，但是現在必須讓他明白，嫉妒心已經把他帶往錯誤的方向。

　　那些伴隨著口吃而來的相關症狀，討論空間依舊很大。因此，我們想知道，在情緒激動的情況下會發生什麼事。許多口吃患者一旦被惹火就會破口大罵，一點也沒有口吃的跡象；也有一些年長的口吃患者，一旦當眾朗誦或是墜入愛河時，經常就變得侃侃而談。這些事實都指向，決定因素存在於個體與他人的關係之中。一旦男孩必須與他人建立連結，或是當他必須

開口說話，以便完整表達時，就是對抗和緊張的關鍵時刻。

當兒童學習開口說話時沒有遭遇相當大的困難，就不會有人特別關注這段過程；一旦兒童表現出言語障礙，全家就會將焦點集中在這名口吃患者身上。當全家人獨獨關注這名口吃兒童時，則會導致該名兒童更關注自己的言語能力。他開始有意識的控制自己的表達方式，而這是言語能力正常的兒童不會做的事。我們知道，有意識的掌控某些應該自主運作的功能，終究會導致部分功能受到限制。在這方面有個很好的例子足以說明，那就是德國作家古斯塔夫·梅林克（Gustav Meyrink）的童話故事《蟾蜍的飛行》（*The Flight of the Toad*）。故事中，蟾蜍遇到了千足蟲，然後開始讚美這隻令人驚豔的動物具有強大的威力。「你可以告訴我，」蟾蜍開口問，「你那一千隻腳裡面，哪一隻腳最先移動？其他九百九十九隻腳的移動順序又是為何？」於是千足蟲開始思考，也順勢觀察起自己的腳如何移動並且試圖掌控它們，結果卻把自己搞得思緒混亂，最終動彈不得。

練習有意識的掌控整體生命歷程固然重要，然而試圖掌控每一道個別動作卻會造成傷害。唯有對藝術創作來說必要的身體動作活動自如，我們才能創作藝術。

儘管口吃習慣會為兒童未來發展帶來災難性影響；儘管家庭養育過程中，會製造許多伴隨口吃而來的顯著不利條件——其中又以同情和特別關注為甚——但依舊有許多人以藉口搪

塞，而不是尋求改善。這一點同時適用在對未來沒有信心的父母和兒女身上。特別是兒童滿足於依賴他人，還會維持這項表面上看起來像是明顯劣勢的優勢。

表面上看起來明顯的劣勢，會多頻繁的轉化成優勢？法國19世紀作家巴爾札克（Honoré de Balzac）[5]的故事便足以闡明。巴爾札克講述兩名商人試圖在一場交易中占盡對方的便宜，雙方討價還價時，其中一人開始結巴，而另一人驚訝的注意到，前者其實是在結巴的過程中，爭取更多時間思考，才表達自己的觀點。於是後者很快動腦筋想出一道反制手法──他假裝自己突然聽不到任何聲音。隨後，結巴商人就落居下風，於是他必須絞盡腦汁，好讓對方聽得懂自己在講什麼。就這樣，雙方重新建立起平等關係。

口吃患者不應該受到如犯罪分子一樣的待遇──就算有時候，他們利用這套機制為自己爭取更多時間，或是讓他人等待自己把話說完。口吃兒童應該受到鼓勵，也應該被溫柔對待。唯有透過友好親切的啟發、提升兒童的勇氣，才有可能徹底治療。

5　譯注：法國19世紀著名作家，也是法國現實主義文學成就最高者之一。

Chapter 5

反常的自卑感，
如何阻礙孩子前進的道路

　　每個人身上，追求優越感與自卑感密切相關。我們出於自卑而追求優越感，並且靠獲得優越感來克服自卑。除非自卑感阻礙了追求優越感的機制，或者因為器官缺陷所造成的心理反應已經難以忍受，自卑感在心理學上才具有重要意義。到了那個時候，我們就會產生「自卑情結」（inferiority complex）——**這是一種反常的自卑感，會促使我們尋求唾手可得的補償和虛華的滿足；但同時，這股自卑感又會放大眼前的阻礙、打壓我們的勇氣，因而成為取得成就的絆腳石。**

　　讓我們再次以第四章提到的13歲口吃男孩例子，來探討此關聯。正如我們所見，他的灰心喪志有一部分反映在長年的口吃上，但是口吃又加深他心中的挫折感。因此，我們看到了普遍的神經性自卑感惡性循環。男孩想要躲起來。他放棄希

望，甚至可能動過自殺的念頭。口吃已經變成男孩生活模式中，一種表達和延續的方式。口吃成為了周遭對男孩的印象、讓他成為焦點，也因此緩解了他心裡的不適。

男孩為自己設定了過高、錯誤的人生目標，而且還以為可以做出一番成績。為了追求好名聲，他必須讓自己看起來秉性純良、可以和他人相處融洽，還能井然有序的做好自己的工作。由於上述原因，他覺得自己必須有藉口來避免受挫感，而這個藉口就是口吃。這個男孩案例如此具有意義的原因是：他大半人生都是有利的方向；只是在某個階段，他的判斷力和勇氣被徹底摧毀。

當那些失去勇氣的兒童不相信可以憑藉自身的能力獲取成功，就會使出數不清的武器自保，口吃當然只是其中一種。這些充滿挫折的武器或許可以比喻成大自然賦予野生動物自保的武器──利爪和尖角。我們很容易就能看出，他們是生而脆弱的孩子；他們絕望的在欠缺外部工具保護之下，去應付生活考驗。令人大開眼界的是，有多少行為足以充當這類武器，而有些兒童唯一的武器，就是沒辦法控制大小便。這是孩子完全不想脫離嬰兒期的一種跡象，他不想脫離不需要完成什麼工作，也沒有痛苦的這段時期。這類兒童的腸道或膀胱，幾乎沒有任何器官缺陷，只是用這類行為喚醒父母或是教育者的同情──儘管事實上，這套花招有可能會激起其他同學的譏笑。因此，這類表現不該被視為生病，而是當作表達自卑感的一種方式，

或者是一種追求優越感的危險手段。

我們可以預見「口吃」毛病的發展，有可能源於一項非常微小的生理癥結。上述這名口吃男孩很長一段時間都是家中獨子、母親只關注他。隨著男孩漸漸長大，或許感覺自己不再受到足夠的關注，也感覺到自己的表現受到限制，因此他發現了可以吸引大家注意的「新花招」。口吃問題或許隱含更深遠的意義：他注意到交談對象都會盯著他的嘴巴。而口吃，就能為自己爭取到一些時間和注意力，否則大人通常會將精力花費在弟弟身上。

在學校也不例外。男孩找到一位花費許多時間在他身上的教師。也因為男孩的口吃問題，不論在家或在學校，他都可以扮演一種優越的角色。他沒有錯失模範學生通常會得到的關注與喜愛，而這也是男孩所渴望的。毫無疑問，男孩真的是好學生，但無論怎麼說，口吃毛病都讓他更得心應手。

雖然口吃問題讓教師對男孩較為寬厚，但是另一方面，這並不是值得推薦的手法。一旦男孩要不到自己認為應得的注意力，就會比其他兒童更受傷。事實上，隨著弟弟成為家中的焦點，男孩努力獲得注意力，反而令人痛心。他不像其他正常小孩一樣，培養出和他人分享自己感興趣事物的能力——他把母親變成家庭環境中最重要的人，其他人都被排除在外。

我們必須從「激發這類兒童的勇氣，並讓他們相信自己的長處與能力」來進行治療。儘管以同情的態度和這類兒童建立

友好關係，且不用嚴詞厲色嚇壞他們的做法很珍貴，但還是不夠。雙方的友好關係必須被用在鼓勵兒童持續進步、改善，而這一步唯有藉由各種方法培養兒童更獨立，才走得到，直到他們對自己的心靈與身體力量充滿信心。只要說服他們相信：若能勤勉不懈、堅持到底、身體力行並發揮勇氣，還沒有實現的成就都可以輕而易舉辦到。

對父母或教育者來說，最嚴重的兒童教育錯誤，就是對走上錯誤道路的兒童預言悲慘的結局。這類愚蠢的預言會助長兒童的怯懦，讓情況無限惡化。我們應該反其道而行，以正面積極的態度鼓勵兒童。正如古羅馬詩人維吉爾（Virgil）所說：「人之所以能，是因為他們相信自己能。」

絕對不要相信「用言辭羞辱兒童或讓他丟臉，就能影響並真正改變他的行為」，就算有時候兒童似乎因此改變了行為，也只是因為他害怕被嘲笑。以下案例足以讓我們判斷，「以譏笑來激勵」是多麼荒謬不可取：

有位男孩是旱鴨子，因此總是被朋友取笑。最終，他再也受不了這些揶揄，就從跳水板直直躍入深水中，人們費了很大的力氣才把他從溺死邊緣搶救回來。或許，這就是一旦怯懦的人面臨失去尊嚴的危險時，反而會衝動做出完全違反自身怯懦性格的愚行。但是這種做法根本不合宜，正如這個例子，怯懦者往往用一無是處的方式想要克服懦弱性格。然而，真正的懦弱其實是「男孩害怕承認自己不會游泳」這個事實，因為這會

讓他在朋友圈中無法立足。他不顧一切跳入水中，不僅沒有克服自己的怯懦，反而凸顯出他不敢面對事實的怯懦習性。

懦弱是一種永遠都能破壞人際關係的特徵。成天擔憂自身狀況的兒童再也無法花心思關注他人，還很樂意不惜犧牲同伴以便成就個人尊嚴。**懦弱反而會喚醒個人主義、好鬥的態度，徹底破壞兒童的社會情感，但還遠遠無法徹底破壞對他人意見的恐懼。**膽小的人總是害怕被他人譏笑怒罵、害怕被無視或是被貶低，因此總是任由他人的意見擺布。他就好似生活在周遭全是敵人的國家，因而發展出猜疑、善妒，又只為自己著想的性格特徵。

怯懦的兒童長大後，經常會變得挑三揀四、碎念不停，無法心甘情願讚美他人，且要是他人得到讚美還會滿肚子酸水。一旦這種人想要採取某種「貶低他人，而非自力實現成就」的方式來超越他人，就會顯現出他的脆弱。對於看見這項脆弱的人來說，協助兒童擺脫對他人帶有敵意的情感，是責無旁貸的任務。看不到這個層面的人當然情有可原，不過他也絕對不懂如何矯正由敵意造成又不討人喜歡的性格特徵。只是說，一旦我們知道問題出在「調節兒童心態以便良好適應世界和人生，進而為他們指出錯誤」，並充分解釋「他奢望的，其實是輕易就能得到的尊嚴」，這樣一來我們就知道，可以引導兒童轉往什麼方向發展。我們明白，必須強化兒童對其他人抱持友好情感的意識；我們也知道，必須教育兒童，不要因為他人成績不

好或是做錯事情就貶低對方；否則，他們就是在催生他人心中的自卑情結，進而剝奪他們的勇氣。

一旦剝奪了兒童對未來的信心，他就會逐漸退縮並逃離現實，轉向對生活毫無用處的層面、努力構築一套補償機制。**教育者最重要的任務──且幾乎可以和神職畫上等號──就是確保在校兒童不會失去勇氣；而且假使兒童帶著滿腹挫折入學，校方和教師就應該要協助他重拾自信。**這一點和教育者的天職密切相關，因為唯有兒童對未來充滿希望和快樂，否則就是失敗的教育。

有一種類型的挫折只是短暫現象，尤其是發生在企圖心過大的兒童身上──儘管他們取得進步，但是因為已經通過最後一場考試、必須轉向職業選擇，有時候他們還是會失去希望。也有一些企圖心過盛的兒童，要是沒有拿到第一名，經常就會在一段時間內鬥志全失、放棄努力。無意識的衝突已經在這類兒童心中蠢蠢欲動好一陣子，並且突然間炸裂，孩子可能會表現得「全然困惑或者神經焦慮」。若沒有及時察覺到他們的挫折感，這些孩子將來會變成總是虎頭蛇尾；等到年紀漸長，就會動不動換工作，而且從來都不相信自己可能得到好下場，也總是害怕失敗。

這時，兒童的自我評價是最重要的。但是，我們不可能藉由詢問兒童，就了解他們如何看待自己。無論我們採用什麼圓滑的手段，最終都會得到不確定或定義不清楚的答案。有些兒

童會說：他們自我感覺非常良好；也有兒童會說：自己一無是處。深究後者說的話，可能會透露出他們身處的環境中，恐怕大人已經對他們說過幾百次：「你真是一點用也沒有！」或是：「你真是笨死了！」

聽到這麼嚴厲的責備，很少兒童不覺得被刺傷；不過有些兒童會貶低自己的能力，以便保護自我。

但是，就算詢問，也無法得知兒童對自己的真正評價。或許，我們可以改成觀察孩子解決問題的方法——舉例來說，他是會抱持自信、果決的態度面對；或是，就像我們在多數灰心喪志的兒童身上看到的，表現出猶豫不決的姿態。我們可以用一個例子概要說明這一點：有個男孩一開始會勇敢迎向前去，但是隨著他愈接近任務，就愈表現出畏畏縮縮、拖拖拉拉的模樣。最終，男孩乾脆在真正接觸到任務之前，就停了下來。有時候，這類孩子會被形容為懶惰鬼；有時候則會被說是心不在焉；說法或許不同，但結果總是一樣。這些兒童沒有符合我們預期像正常人一樣完成任務，反而老是被過程中的障礙困住。有時候，這樣的兒童太容易就成功愚弄長輩，讓他們真的認為這個孩子能力不足。**當我們牢牢記住整體局面，並且用個體心理學的原理來闡述就會發現：所有的麻煩都是源自缺乏信心，也就是「自我評價低落」。**

深入思考錯誤追求優越感時，必須謹記在心：完全以自我為中心的個體，在社會上實屬異類。我們經常可以看到，過度

追求優越感的兒童經常不會替任何人著想。他們帶有敵意、違反法律、貪得無厭且自私自利。當他們發現任何祕密，就會用來傷害他人。

但是，在最常因為言行舉止被斥責的兒童身上，我們也看到了毫無疑問的人性特質——在人群中，他們會找到某種歸屬感。雖說當他們的生活計畫和互相合作概念離得愈遠，我們就愈難發現他們心中尚存的社會情感，但是他們的自我和周遭世界的關係，會以某種方式暗示或是表達出來。我們必須尋找諸多會洩露他們刻意藏起來的自卑感表達形式，而這些表達形式可能多到數不清——好比兒童的一個眼神。雙眼不只是接受並傳送光線而已，更是用來社會接觸的器官。人們盯著他人的方式，會透露出他內心想和他人連結的程度。這就是為什麼所有的心理醫師和作家，都會再三強調人的眼神。當其他人提供我們意見，我們會從對方如何打量我們的方式判斷是否受用，也會試圖在凝視中理解對方的部分靈魂。就算有可能誤判或誤解，從兒童的眼神中歸納出他是否友善，還是比較容易一些。

眾所周知，那些不敢直視大人雙眼的兒童，多半猜疑心很重。他們不全然是壞心眼，或是有不好的性習慣。這種眼神閃躲有可能單純意味著：即使只是一時半刻，他也試圖不讓自己和他人產生連結。它代表兒童嘗試迴避和夥伴們社交。當你呼喚兒童時，他願意靠得離你多近，也是一種暗示。許多兒童會保持一定距離，他們想要先了解整個情況，如果真有必要再靠

近。他們小時候曾經有過不愉快的經驗，因此會以這種片面的知識一概而論並濫用在其他地方，從此認定「近距離接觸很可疑」。觀察孩子對母親或教師的依賴，是相當有趣的。**兒童比較常主動靠近的對象，比他們動不動就開口表達愛意的對象更重要。**

有些兒童走起路來抬頭挺胸，說起話來語調堅定，絲毫不見一絲膽怯，因而表現出顯而易見的自信和勇氣；有些兒童則是和他人說話時畏畏縮縮，馬上就洩漏內心的自卑感，以及自己無法應付整個狀況的恐懼感。

在探究這種自卑情結時，我們發現：許多人相信，那是與生俱來的。然而，我們不同意這種意見，因為無論兒童多麼有勇氣，都可以被教育成膽小怕事的孩子。父母親若是生性膽怯，有可能孩子也跟著畏首畏尾，但那並不是因為他生下來就是膽小懦弱之人，而是因為他成長在充斥恐懼的氛圍中。對兒童的發展過程來說，家庭氣氛和雙親的性格特徵，是最重要的兩個因素。在學校獨來獨往的兒童，經常出身於鮮少或根本不和他人打交道的家庭。當然，我們很容易就把他們想成與生俱來就有這種遺傳性格，但這種理論會被推翻。沒有任何器官或大腦的生理變化，會導致無法和他人打交道；然而事實顯示，雖然這樣的生理變化不一定會導致這樣的性格特徵，但有助於我們理解這類外顯的特點。

試舉一個最簡單的例子，就能讓我們從理論上明白這一

點：有一名兒童生下來就有器官缺陷，因此患病了一段時間，他本身也因為病痛和缺陷過著壓抑的生活。這類兒童只對自己感興趣，認為外部世界充滿困難和敵意。另一種有害因素也在這類個案中軋上一腳：體弱多病的兒童必須找到一個靠山，對方會讓他的生活變得更容易，而且願意為這名兒童奉獻自己；但是他的全心全意奉獻和保護姿態，會催生出兒童強烈的自卑感。兒童的身材、力氣，都和成人有一大段差距，因此會產生相對的自卑感。一旦兒童三不五時就被告知：「囡仔人有耳無喙。」（意思是：孩子應該乖乖在一旁聽就好，不要出聲。）這種「低一等」的感覺就很容易被強化。

這些都會加強兒童認定「自己處於劣勢地位」的印象。對於自己比其他人更渺小、更無力的領悟，會讓他根本無法平衡。愈受到這個自己比較渺小、比較軟弱的念頭刺激，就愈想要付出更大努力變得強壯。因此在爭取外界認可上，又多了一股推動力。但他不是試圖安排自己的生活，好讓他和周遭環境和諧共處，反而是發想出一套全新的公式來「只為自己打算」。而這就是獨來獨往的兒童類型。

我們可以有把握的說：多數體弱、身障，和醜陋的兒童，都帶有強烈自卑感。而在外在表現上，有兩極化的方式：他們要不是說話畏畏縮縮、猶疑不前、膽小羞怯；就是咄咄逼人。表面上看來這些行為毫不相關，但是箇中原因有可能如出一轍。這類兒童在追求認可期間，有可能會因為前一回表現太沉

默寡言，下一回卻喋喋不休，而洩露心中的意向。社會情感對他們絲毫起不了作用，因為他們對生活毫無期待、相信自己可以不用付出，要不然就是會把這種社會情感做為個人用途。他們想要成為領袖和英雄，永遠都是目光焦點。

一旦長年採用錯誤方式訓練自己，單靠一次對話就想改變孩子的模式，根本是不可能的任務，因此教育者必須耐著性子。當這類兒童試圖改善自己，卻偶爾老毛病發作的情況下，有個明智的辦法就是——對他解釋「改變不是一蹴可幾」。這樣做可以平息兒童的焦躁，也不會讓他對自己失望透頂。要是有個兒童兩年來都學不好數學，也不可能在兩個星期內就把不懂的部分搞懂，但無庸置疑確實有可能會改善。也就是說，有勇氣的正常兒童，其實有能耐彌補任何事。我們一再看到，兒童能力低下往往來自錯誤的發展方向，以及偏離了常態、沉重而陷入困境的整體人格架構。只要問題兒童沒有智力缺陷，總是有可能協助他們重回正軌。

能力低下或表面看似愚蠢、笨拙又冷漠，並不足以用來證明兒童智力有缺陷，因為智力缺陷總是會伴隨著大腦發育不完善的跡象。這類身體缺陷，有可能是受到影響大腦發展的腺體影響，有時候會隨著時間拉長慢慢消失，只剩下當時缺陷造成的心理陰影。也就是說，出生時身體比較衰弱的兒童，即使長大後變強壯，也有可能持續表現得好像永遠都這麼衰弱。

我們甚至必須更深入研究：自卑感和以自我為中心的態

度，可能源於過往的器官和身體先天不良，也有可能來自與這些身體缺陷完全無關的情況——有可能是家長用錯誤的方式培育兒童，也有可能是生長在缺乏關愛、教養嚴厲的家庭環境所致。在這類情況下，兒童的生活會相當悲慘，因此他會武裝出帶有敵意的態度來面對周遭的環境。而因為身體缺陷所產生的心理缺陷，其影響就算不是完全相同，也是大同小異。

我們必須做好心理準備，因為治療那些成長在缺乏關愛的家庭環境的兒童時，有可能會遇到龐大的障礙。他們看待我們的眼神，會和看待傷害過他們的人的眼神如出一轍；每當被催促著去上學時，他們就會解讀成被壓迫。他們會感覺自己總是被束縛著，也總是會表現出竭盡所能反抗到底的傾向。他們嫉妒那些擁有比較幸福童年的孩子，因此也不會以正確態度來面對這些孩子。

這類滿腹酸水的兒童經常發展出「喜歡毒害別人生活」的性格。他們本身缺乏足夠的勇氣克服周遭環境造成的困難，因此會施壓那些看起來比他們更弱勢的對象，或是明顯對他人示好以便展現自己的優越感，然後用這種方式填補自己缺少力量的感覺。只是說，這種友好態度只會在他人允許他們主導的前提下持續下去。真要說的話，許多兒童只和那些境況比他們差的對象交朋友，就像許多成年人都會覺得自己似乎特別容易被受苦的人吸引。要不然就是他們偏愛比較年幼、家裡更窮困的兒童。這種類型的男孩有時候也會喜歡格外溫柔、百依百順的女孩，但其實與性吸引毫無關係。

Chapter 6

如何在兒童成長過程中，
預防自卑情結

　　要是有個兒童花了異常長的時間學會走路，但只要一學會就和正常人走得一樣好，不代表他這一生必定會發展出自卑情結。然而我們知道，兒童的心理發展，反倒總是受到任何行動限制的強烈影響。他會覺得自己的情況很不幸，有可能會從中歸納出悲觀結論——即使先天的生理、身體機能缺陷隨著年紀漸長而消失，這種心態仍然有機會主宰他未來的行動。許多兒童曾經罹患「佝僂症」（rickets），雖然治好了，卻依舊背負著疾病的陰影，好比變形扭曲的雙腿、手腳笨拙、肺部黏膜炎、頭形走山（變成方形頭）、脊椎彎曲、腳踝腫大、關節無力及體態不佳等等。他們在罹病期間心理會產生挫敗感，並連帶出現悲觀傾向，即使病癒後也揮之不去。這類兒童看著身邊的同伴行動自如，就會被自卑感所打壓。他們低估自己的價值，並因

此採取一、兩種相應的自卑感行為。他們若不是徹底失去信心，就是極少嘗試進步的可能性，還會被看似絕望的困境激怒，然後不顧自身的生理缺陷，死命追趕比他們幸運的玩伴。這些兒童顯然沒有足夠的智慧正確判斷自己的處境。

決定兒童長遠發展的要素，既不是他們天生的能力，也不是客觀環境，而是兒童如何解讀客觀現實以及他與客觀現實之間的關係。這個現實意義重大，兒童是否與生俱來優秀潛能並不是很重要，我們這些成人對兒童的情況所做出的判斷也不重要。對我們來說，重要的是看見「兒童如何用自己的雙眼看清楚他們的情況，且依照自己錯誤的判斷來解讀」。我們不該假設兒童的行為都合乎邏輯——也就是按照成人的常識——不過我們必須做好準備，體認到兒童解讀自己的處境時難免犯錯。事實上我們必須謹記，若兒童不會犯錯，也就不需要兒童教育了。要是兒童由於先天因素而犯錯，我們也不可能教育或讓他們改進。因此，那些相信與生俱來的性格特徵無法也不應改變的人，其實不應該教育兒童。

我們總是覺得，健康身體才餵養得起健康心靈，但其實不然；我們發現，健康心靈可以寄居罹病的身體中，也就是儘管兒童的身體有缺陷，卻能帶著勇氣面對生活。另一方面，就算兒童身體健康，倘若歷經一連串不幸，也很有可能會對自己的能力做出謬誤解讀，結果他無法擁有健康心靈。給定的任務最終失敗，往往會讓兒童相信自己毫無能力，因為這類兒童對困

難超乎異常的敏感，並且將每一道障礙視為自身欠缺實力的鐵證。

　　有些兒童除了行動困難，也會覺得學習說話很吃力。一般來說，兒童學習說話的同時，也應該在學習走路。兩者不必然有實質關係，但是都取決於兒童的教育和他的家庭環境。有些兒童原本可以好好學會說話，卻因為家人輕忽孩子的需要，以至於遇到生理障礙；然而，沒有先天失聰、發聲器官健全的兒童，應該在幼年的適當時期就學會說話。某些特定情境下，特別是受到視力影響的極端例子中，學習說話才會被耽誤；在其他情況下，父母老是搶著替兒童發聲，而非讓他嘗試自我表達——這類兒童會花很長時間才學會說話，有時候甚至連我們都以為他根本天生失聰。當他終於學會說話，想要說話的欲望就會超級強烈，往後經常會變成能言善辯的人。鋼琴家克拉拉・舒曼（Klara Schumann）是德國知名作曲家舒曼的太太，她4歲之前都不會開口說話，就算到了8歲也只會說一點點。她是個特殊的孩子，非常沉默寡言，寧可花時間在廚房晃來晃去。我們可以從上述說法推斷出，沒有什麼人會費心理會她。「怪的是，」她的父親說，「這種顯著的身心不協調狀況，竟然是往後一輩子美妙和諧生活的開端。」這個例子就是過度補償的證明。

　　我們需要慎重看待的是，失聰和失語的兒童應該接受特殊教育，因為愈來愈多事實證明，鮮少發現完全失聰的機率。無

論兒童的聽力缺陷有多麼嚴重，僅存的一絲聽力也應該得到最周到的照護。在德國北部羅斯托克城（Rostock）任教的德裔瑞典籍心理學教授大衛・卡茨（David Katz）就證明，他如何成功訓練那些被外人視為「毫無音感」的兒童，充分欣賞音樂和聲音的美妙。

有時候，在課業上表現頂尖的多數兒童，竟會栽在單一門科目，而且經常是數學。這便讓人懷疑，他們是否有些愚笨。兒童學不來算術，長久以來很可能是因為他們曾經被這個科目嚇到，再也沒有勇氣搞定它。有些家庭會拿全家算數都很糟的事實說嘴，特別是少數的藝術家庭。此外，「女生比男生更難學會數學」這項共識是錯誤認知。許多女性都是優秀的數學家和專業的統計學家。女學生常常聽到「男生算術比女生強」，也就被這種評語打破自信心。

兒童會不會加減乘除是一個重要的心理指標。只有少數幾門知識領域可以帶給人類安全感，數學就是其中之一，那是思考運作的過程，帶領我們運用數字梳理混亂的周遭。**心中懷抱強烈不安感的人，通常算術能力都很差。**

其他科目亦然。寫作是有條有理的將「內在意識才聽得到的聲音」形諸於文字，進而提供個體安全感；繪畫是把「轉瞬即逝的視覺印象」變成永恆；體操和舞蹈則是「表達個體的身體安全」，更特別的是，藉由「隨心所欲掌控自己的身體，進而獲得心理上的安全感」。或許，這就是為何這麼多教育者，

都堅信體育教育。

兒童的自卑感有一種十分驚人的表現方式，那就是「學不會游泳」。當兒童三兩下就學會游泳，這是好徵兆，代表他也可以克服其他困難。要是有兒童覺得怎麼樣都學不會游泳，就表示他對自己和游泳教練都缺乏信心。值得一提的是，許多兒童一開始覺得很難，但學著學著便駕輕就熟。這些兒童多半都是對一開始的困難很敏感，受到激勵最終成功學會，之後便會為了達到幾近完美，往往因此變成頂尖的泳者。

了解兒童究竟是「特別依附某個人，或者同時對好幾個人感興趣」很重要。一般來說，兒童最高度依附的對象是自己的母親，若不是，也應該是另一名家庭成員。這種依附的能力，在每一名兒童身上都看得到，除非他智力低下或是智能障礙。當主要照顧者是母親，但兒童卻依賴另一名家庭成員時，找出箇中原因很重要。顯然，沒有兒童應該把所有情感和注意力貫注在母親身上，因為**母親最重要的功能，其實是讓兒女有意願、有信心和自己的同伴玩在一起**。祖父母也在兒童發育期間扮演重要角色——通常是寵壞孩子的角色。這種行徑的原因是，年歲漸長的人害怕自己不再被需要，發展出強烈的自卑感，結果扮演起囉哩叭唆的老人，或是心腸太軟的濫好人，為了讓自己在孫兒女心中占有一席之地，所以不會拒絕他們。孩子探望祖父母時，往往會在這段時間被寵壞，最後根本不想回到規矩一大堆的父母家。回家後，孩子還會抱怨在家裡一點都

不像待在祖父母家好玩。我們在此提到祖父母有時候會在兒童生活中扮演的角色，這樣一來，教育者在調查任何特殊兒童的生命風格時，就不會忽略這個重要事實。

由於佝僂症而行動笨拙（請參見「附錄1：個體心理問卷」第2個問題[6]），加上持續一段時間都不見改善，通常會指向某個結論，那就是：這名兒童受到太多關照，以至於被寵壞了。**母親應該要有足夠的智慧不扼殺兒童的獨立性，就算孩子罹患疾病、需要特別照護。**

「兒童是不是很愛找麻煩？」是一道重要的問題（請參見「附錄1：個體心理問卷」第3個問題）。當我們聽到情況確實如此，就可以確信：母親和兒女之間的依附關係太過緊密，沒有成功培養出孩子的獨立性。這種愛找麻煩的行為通常會在兒童入睡前或是起床時、吃飯和洗澡時段，還有半夜做噩夢或是尿床那一刻最淋漓盡致。這些症狀都指向，兒童試圖獲取某個特定對象的關注。找麻煩的症狀會接二連三出現，就好似孩子在一場征服戰中接二連三發現可以用來主宰成年人的武器。我們大可確定，當兒童表現出這類症狀時，可以說他的成長環境不太健康。在這種情況下，懲罰非但起不了作用，孩子通常還會捉弄父母、為自己招來一頓懲罰，讓父母知道懲罰完全不管用。

6　編注：接下來所提到的所有問題，請參見「附錄1：個體心理問卷」。

兒童的智力發展也是特別重要的問題、值得格外關注。有時候，要給出正確回答很困難，因此偶爾採取「比西量表」（Binet-Simon Scale）來做智力測驗，或許是可取的做法。然而，它並不總是能提供可靠的結果。如同兒童做過的所有智力測驗，**絕對不要認定測驗結果就代表孩子一生的智力永恆不變。**一般來說，智力發展主要取決於家庭環境影響。環境比較好的家庭就有能力協助兒女，而且這些身體發育良好的兒童，通常也會培養出良好的心理健康。遺憾的是，情況通常會演變成：那些心理成長比較順遂的兒童，都會被認為將來會獲得「優質」或「較好」的工作；而那些發展比較緩慢的兒童，則是被指派去幹「粗活」。就我們觀察到的結果來說，許多國家專為比較弱勢兒童開辦特殊課程，而這些兒童大多數來自窮困的家庭。因此，我們可以得出結論：若這些家境比較窮困的兒童出生在物質環境良好的家庭，完全有能力獲得和有幸出生在物質充裕家庭中的兒童相同的成就。

　　另一個值得深究的重點是：「兒童是否曾經淪為他人的笑柄，或是曾因被取笑而灰心喪志？」有些兒童可以承受這類的情緒低潮，有些則是會失去勇氣，避開朝向有益工作的艱難道路，把注意力轉向外在表面形象，這也暗示了兒童失去信心。一旦兒童時不時就和別人吵架，深怕如果不主動攻擊，對方就會先下手為強，這便暗示了他對周圍環境充滿敵意。這類兒童基本上桀驁不馴；他們相信，順從是甘願低人一等。他們認

為，有禮貌回應他人的問候就是降格以求，因此都會魯莽無禮的回應；他們從不抱怨，因為把他人的同理當作對自己的羞辱。他們絕對不在他人面前哭泣，有時候反而會在應該哭泣的時刻大笑，這種舉動讓他們看起來冰冷無情，但事實上只是害怕顯露脆弱的徵兆。冷酷無情的行動從來就不是立足於這種說不出口的脆弱，真正的強者對殘酷行為根本毫無興趣。這類桀驁不馴的兒童經常全身髒兮兮、不在乎個人外表，還會咬指甲、挖鼻孔，且往往固執得要命。他們需要被鼓勵，而且得被明確告知：他們的所作所為，只不過彰顯他們「害怕以弱者的形象出現在他人眼前」。

我們個體心理問卷的第4個問題就是：「兒童是否容易結交朋友，還是態度極不友善？他是領袖還是隨眾？」這些攸關他的交際能力——也就是說，這些都和他對社會感興趣的程度以及因此遭受挫敗的程度息息相關；而且，和他渴望服從或統御他人有關。當兒童孤立自己，就代表他對自己能否和他人一較長短非常沒有信心，也代表他追求優越感的渴望如此強烈，以至於害怕在群體中只能淪為附庸。養成蒐集物件習性的兒童，代表他們想讓自己變得強大然後超越他人。這種囤積的傾向很危險，極容易過頭，培養出毫無節制的野心或是變成貪得無饜，而這是普遍的脆弱感表現形式，為的是尋求一股支持力量。一旦這類兒童相信自己缺乏關注或備受冷落，就很容易開始偷竊，因為他們對這種不受重視的感受遠遠強過別人。

個體心理問卷的第5個問題是「關注兒童對學校的態度」。我們必須留意，孩子是否老是遲到、聽到要上學是否很激動（這種躁動反應往往是一種不情願上學的象徵）。兒童面對某些特定情境時，心中的恐懼會以不同的形式表露出來。趕家庭作業時，他們就會變得心煩氣躁，還會因為把自己逼到緊繃狀態，結果產生類似心悸發抖的感覺。有一種特殊類型的兒童甚至會產生生理反應，好比是性興奮。這套專為兒童貼標籤的體系，並不總是值得稱讚。要是兒童不再被大人依據這種方式分類，他們將會徹底解脫。學校變成了某種老是在考試和測驗的場域，孩子必須努力爭取高分，來獲得好的標籤；但是成績差，就像被貼上糟糕的永久標籤。

兒童是心甘情願，還是被壓著完成作業？兒童忘記寫作業代表他傾向逃避現實。有時候，一看到作業就心煩和寫作業過程中表現出不耐煩，都是兒童逃避上學責任的手段，因為他更想去做別的事。

這代表兒童懶惰嗎？當作業做得一塌糊塗，兒童有可能就會以懶惰而非無能當作擋箭牌。一旦懶惰的兒童在某一項任務表現傑出，反而會受到稱讚，然後就聽到大人說：「要是他不這麼懶惰的話，其實什麼事都能做得好。」兒童會覺得這種意見很中聽，因為他已經被說服，不用再證明自己的能力了。懶惰兒童還有另一種表現形式，那就是缺乏勇氣、無法專注、永遠想找人依靠；被溺愛的兒童會打擾課堂教學，因為他們想要

吸引全場注意力。

　　「兒童對教師的態度如何？」這個問題的答案實在不好說。兒童通常會隱藏自己對教師的真實感覺。當兒童老是抱怨、試圖讓同學丟臉，我們或許會假設這種貶抑他人的行為是因為缺乏自信。這類兒童表現狂妄自大、嘮叨挑剔，自以為什麼事都比別人懂。但是，這其實是為了掩蓋自己的脆弱。

　　比較難應付的反而是那種漫不經心、對什麼都無動於衷，而且被動消極的兒童類型；他們戴著假面具，實則沒有那麼不在乎、漫不經心。一旦這類兒童失控，通常會狂怒甚至企圖自殺。除非命令，否則他們什麼也不願意做。他們很害怕挫折，也很怕高估他人。他們必須受到他人鼓勵。

　　在運動或體育方面展現企圖心的兒童，其實洩漏出他們對其他方面也很有野心，只不過一直很害怕挫折與失敗。閱讀量遠超過同齡者的兒童缺乏勇氣，而且透露出他們希望藉由閱讀贏取力量。這類兒童具備天馬行空的想像力，面對現實時卻膽小如鼠。兒童偏愛哪一種類型的故事也值得留意：小說、童話故事、個人傳記、遊記或客觀紀實、科學作品等等。處於青春期的兒童極易受到色情書籍吸引，不幸的是，每一座大城市都有書店銷售這類印刷品。逐漸增加的性衝動、渴望性經驗，將他們的思想都導向這個方向。以下建議可用來消除這類有害影響：培養孩子與他人合作、相處的能力、及早進行性教育，並且讓孩子和父母和睦相處。

個體心理問卷的第6個問題關於「家庭狀況」，也就是家庭成員是否有酗酒成癮、神經官能症（neuroses）、肺結核、梅毒、癲癇之類的疾病。全盤了解兒童的身體健康紀錄也很重要。經常張開嘴巴呼吸的兒童通常有呆滯的臉部表情，因為增殖體（adenoids）和扁桃腺腫脹讓他無法正常呼吸。在此，切除手術就顯得很重要，因為有時候，相信手術對自己有幫助的念頭，可能讓病童有更強大的勇氣，好在病癒時處理在校的狀況。

家人生病經常會影響兒童成長。罹患慢性病的父母會加重兒童負擔；緊張和心智失調則讓全家都籠罩在壓力之下。若有辦法，就應該避免讓兒童知道家中成員受到精神病折磨。精神失調會為全家蒙上陰影，就算不盲目也可能認為會遺傳，同理也適用諸如肺結核和癌症等數不清的例子。這些疾病都會在兒童心中烙下可怕的印象，有時候把兒童帶離這種家庭氛圍反倒對他有益。家庭成員若有慢性酒精中毒或犯罪傾向，這兩種類型會像毒藥一樣蔓延，兒童往往也難以抵抗。然而，把出身這類家庭的兒童另作適當安置相當困難。癲癇患者通常暴躁易怒，會破壞家庭生活和諧。不過最糟的類型是梅毒患者，他們生下來的兒女通常身體非常孱弱，而且這種病會遺傳，導致兒童悲慘的發現就連過日子都很辛苦。

我們無法視而不見的事實是，家庭的物質條件會為兒童的人生觀上色。貧困家庭的兒童和其他經濟狀況比較優渥的兒童

一較高下時，會在他們心中引發一股不滿足感。家庭條件稱得上小康的兒童會發現，要是家中財務狀況日益走下坡，過慣了好日子的他們很難適應新生活。如果祖父母的生活遠比父母好過，這股緊張感甚至更強烈。正如彼得‧根特（Peter Ghent）所說，他一直無法擺脫祖父極有權勢的印象；相較之下，父親卻不論做什麼都失敗。這種情況下兒童往往會變得勤勉不懈，以抗議父親太懶惰。

第一次接觸死亡的經驗如果來得太突然，經常會嚴重驚嚇到兒童，進而影響他一輩子。還沒準備好面對死亡的兒童要是突然面對它，這一刻會成為孩子第一次領悟到生命有盡頭。這樣的情況有可能會讓兒童失去勇氣，或至少是讓他萬分膽怯。在許多醫生的自傳中，我們常常可以看到，他們選擇這門專業就是因為某一次突然面對死亡的經驗，這就是兒童被自己的頓悟深深影響的實證。讓兒童承受這樣的負擔實不可取，因為他們太幼小，還不能完全理解死亡。孤兒或繼子女經常將自己的終身不幸歸咎為父母逝世。

知道誰才是家中做決定的人，這一點很重要。這通常是父親；要是變成母親或繼母掌權，對兒童來說就是例外，父親往往也就失去兒女的尊敬。強勢母親生的兒子，通常長大後在面對女性時都會有點害怕，而且幾乎終身都無法擺脫這股畏懼。這類男性若不是看到女性就躲，就是會讓家中女性的日子難過。

因此，我們必須進一步了解兒童的教育偏向嚴格還是溫和。個體心理學不相信任何嚴格或溫和的養育方式，**重要且必要的其實是理解、避免犯錯，還要持續鼓勵兒童面對並解決自己的問題，以及發展他們的社會情感。**嘮叨不休的父母會傷害到孩子，因為這完全就是在抹煞他們的勇氣。溺愛型的教育方式會發展出喜歡依賴他人的態度，以及攀附他人的傾向。父母應該避免為兒女描繪過於美妙的世界，也不要動不動就用悲觀消極的字眼來描述這個世界。他們的工作是要盡可能協助兒女做好面對未來的準備，以後才能照顧好自己。沒有被教導如何面對困難的兒童，會在每一次遇到困難時就逃避，這將會導致他們的生活圈愈來愈小。

知道「哪個人負責照料兒童」很重要。母親不必總是陪伴在兒女身旁，但是她必須認識負起照顧責任的對象。**教育兒童的最佳之道，就是讓他們在合理範圍內從經驗中學習**，這樣孩子待人處事的方式，才能受到合乎邏輯的事實引導，而非加諸在他們身上的嚴格守則。

個體心理問卷的第7個問題是關於「兒童在家中的排行」，這一點最能暗示兒童的性格。獨生子女的地位很特殊，老么也是，還有多名女孩家中唯一的男孩，或是多名男孩家中唯一的女孩。

個體心理問卷的第8個問題和「職業選擇」有關。這是很重要的問題，因為它讓我們看清楚環境的影響力、兒童的勇氣

和社會情感的豐沛程度，以及他的生活節奏。做白日夢（「個體心理問卷」的第9個問題）和早期的童年記憶（「個體心理問卷」的第10個問題）也很有意義。那些學會解讀童年記憶的人士，經常可以從中發掘出完整的生命風格。作夢也是兒童發育方向的指標，象徵他是否嘗試解決或逃避自己的問題。知道兒童是否具有語言缺陷很重要；更進一步就是他的外觀美醜、體態健美或糟糕（「個體心理問卷」的第13個問題）。

個體心理問卷的第14個問題：「兒童願意公開討論自己的情況嗎？」有些兒童很喜歡說大話，作為自卑感的一種心理補償；有些兒童則是拒絕開口說話，害怕自己被利用，或是害怕一旦坦露自己的缺點就會遭受新一輪的傷害。

第15個問題。當兒童對某一門學科很拿手──好比繪畫或是音樂──我們就必須以此為基礎，鼓勵他在其他科目求取進步。

兒童到了15歲還不知道自己想要成為什麼樣的人，這時候我們就可以認定他毫無自信，而且必須根據這種情況加以處理。家庭成員的職業，以及兄弟姊妹之間的社會階級差異必須一併納入考慮。兒童的總體發展可能被父母不幸的婚姻傷害。教師的責任就是謹慎採取行動、正確描繪兒童本身以及他的生長環境、試著處理，並根據自己從問卷得到的知識改善兒童的狀況。

Chapter 7

社會情感，
如何影響孩子的發展

我們在前幾章探討了「追求優越感」，但我們發現，許多兒童和成人還有另一種天性，那就是「喜歡和他人合作、和他人共同完成任務」，並且「讓自己對社會來說是有用的」。而這樣的表現，最恰當的描述就是「社會情感」。然而，關於「這種情感的根源是什麼？」是頗有爭議的問題。不過截至目前為止，我發現這個必須在此探討的現象，似乎和「人的概念」密不可分。

或許有人會問，這類心理情感憑什麼比追求優越感更可以說是人類的本性。答案會是：實際上，兩者本質同源——**個體渴望「追求至高無上的地位」和渴望「社會情感」，都立足於人類本性的基礎上。它們都表達出人類對認同感的根本渴望，而不同之處在於表現形式，且它們的不同表現形式牽涉到個體**

對人性有不同的評判。因此，個體追求優越感對人性的評判是：個體無須依賴群體，就能取得成就；然而渴望社會情感對人性的判斷則是：個體在某種程度上必須依賴特定群體。關於人類本性的觀點，毫無疑問，追求社會情感遠優於追求個人主義。前者（追求社會情感）代表一種更健康、更符合邏輯的基本觀點，後者（追求個人主義）僅是一道膚淺的觀點，即使只是當作一種心理現象，在個人的生活中也隨處可見。

若想了解社會情感具有何種真理和邏輯，只需要回頭觀察人類歷史，我們就會注意到「人類總是過著群居生活」。當我們進一步反思「那些無法獨力保護自身的生物，常常被迫要和群體生活以便保護自己」，對於人類總是過著群居生活這個事實，也就不會太驚訝了。

只需要比較人類和獅子就知道，若以動物角度來看，人類其實非常弱小，體型和人類相當的多數動物都更強壯，大自然也賦予牠們更強大的身體武器來進攻、防守。英國生物學家達爾文（Charles Darwin）觀察到，那些缺乏自然防禦的動物總是成群結隊行動。舉例來說，紅毛猩猩有強大的身體力量，可以和伴侶一起離群索居；然而在人猿總科中，比較小隻、比較弱勢的成員，通常都是團體行動。正如達爾文指出，群居生活可以替代或補償那些未獲得大自然提供生理武器——利爪、尖牙或翅膀等等——的個體。

群居不只是為了平衡那些特殊動物落單時所缺乏的能力，

更可以引領牠們發掘全新的自我保護方式，來改善牠們的情況。舉例來說，有一群猴子知道如何派出「偵察兵」，以便提早發覺是否有敵人。運用這種方式，或許可以讓牠們齊心合力發揮群體優勢，進而彌補每一名成員微弱的力量。在水牛群中，我們也發現這種群聚力量可以成功保衛群體，以對抗遠遠更強大的單一敵人。

研究這個問題的動物社會學家同樣報告，在這些群體中，經常發現相當於法律的協議。因此，這些被派去當先遣部隊的偵察兵，必須按照特定的規則生活，每一次的失誤或違規，都會被群體處罰。

許多歷史學家都堅稱，人類最古老的法律是受到部落守望者的影響，而留意到這類連結相當有趣。若真是如此，我們就可以看見「發明這種群居生活，是出於處於弱勢的個體沒有能力保護自己」。某種意義上來說，社會情感一直都反映著生理條件處於弱勢，且兩者密不可分。因此，就人類的情況來說，無助、成長緩慢的嬰兒和兒童，就是孕育出社會情感最重要的背景。

在整個動物世界裡，我們發現，唯獨人類是帶著如此純粹的無助感出生。而且，正如我們所知，唯獨人類幼兒需要最長的時間才能發展成熟。這不是因為兒童在長大成人之前，必須學習多如繁星的事情，而是因為人類的成長過程就是如此。由於生理需求，兒童需要父母保護的時間比較長，而且如果沒有

受到這等程度的保護，人類便將滅絕。「兒童的生理條件處於弱勢」有可能是「將教育和社會情感串聯起來」的重要機會。**由於兒童的生理發展還不成熟，教育是必然舉措，且教育目標源於這項事實——透過團體生活，兒童才能成熟。教育的目的，必然帶有社會化。**

兒童教育的規則和方法，永遠都要體現社群生活的概念，並針對它進行社會調適。無論我們是否明白，我們總是傾向認同群體意識中，對群體有益的面向，而厭惡對社會不利或有害的面向。

我們觀察到的所有教育錯誤，只因為我們判斷它們會對社會群體產生有害影響。事實上，所有偉大成就以及所有人類能力發展，都發生在社會生活的壓力之下，而且是以社會情感為導向。

讓我們試舉「說話」為例。一個離群索居的人不需要學習說話。人類發展說話的能力，就是因為在社群生活中，這是個不容置喙的必要行為。說話是人與人之間的實際連結，也是彼此共同生活的產物。唯有以「社會群體」的觀念出發，才有辦法擴展「說話心理學」的想像空間，因為離群索居的個體對說話一點興趣也沒有。無論什麼階段的兒童，只要缺乏廣泛參與社會的基礎、獨自成長，他的說話能力就會相當落後。唯有個體與他人連結，才有辦法獲取並改善我們所說的「語言天賦」。

一般來說，大家都會假設，表達能力勝過同齡者的兒童，

只是因為他天賦異稟。但是這是錯誤的。那些發覺說話或是開口說話和他人接觸有困難的兒童，通常沒有強烈的社會情感。沒有學過如何好好說話的兒童通常是被寵壞了，因為他們的母親都會搶在他們開口詢問前，就把一切都準備好。在這種情形下，他們失去社會調適的機會和能力，因為他們不需要開口說話。

還有一些兒童是被阻撓開口說話，因為他們的父母從來就沒有給他們機會好好說完一個句子，或是為自己辯解；還有一些兒童則是被嘲笑或是被譏諷，因此倍感挫折不想開口說話。在兒童教育中，這種沒完沒了的糾正和嘮叨，似乎是相當常見的不良做法。最嚴重的結果是，這類兒童長年背負著退步和自卑的感覺。我們可以留意到，這類人在開始訴說前，都會習慣說：「請不要嘲笑我。」我們經常聽到這種話，也因此馬上就體認到，這類人在兒童時期經常被嘲笑。

在此有個例子：一名兒童明明能說、能聽，但他的父母既聾又啞。每當他受傷時，總是默默哭泣，完全不發出聲音。因為當他受傷時，必須讓父母看到他的痛苦，但是他不需要發出聲響。

如果沒有社會情感，根本無法想像該怎麼發展好比理解力或是邏輯力等人類的其他能力。離群索居的人根本不需要邏輯，或者說，他只需要跟動物相同的能力。另一方面，總是和他人接觸的話，就必須開口說話，在和他人打交道時也必須有

邏輯和常識。這是所有邏輯思考的最終目標。

　　有時候，某些人的有些行為在我們眼中看起來很蠢，但是事實上，這些行為對他們的個人目標來說相當明智。這種現象經常發生在那些「總以為自己怎麼想，別人必定就得怎麼想」的人身上，也顯示了社會情感或常識對判斷有多重要（更別提，如果群體生活沒有這麼複雜，也沒有為個體帶來這麼多錯綜複雜的問題，就沒有必要發展常識了）。我們完全可以想像，原始人一直停留在原始階段，因為他們的經歷相對簡單，不曾刺激他們更深入思考。

　　人類的說話和邏輯能力中——我們幾乎可以將這兩種功能視為神聖的能力——社會情感扮演著重要角色。如果人人都只有試圖解決自己的問題，無視他所生活的群體，或是使用自己發明的語言，最終將會一團亂。**社會情感提供安全感，讓每一名個體都可以感受得到，也能為他的生活提供主要的支持**。或許，它與我們從邏輯思考和真理獲得的信任感完全不同，卻是構成信心最顯而易見的元素。我們可以舉例說明，為何計算和算數被如此廣泛信賴，也因此我們傾向認同「唯有可以用數字表達的事物，才可以視為確切的事實」？原因在於，運用數字比較容易和其他人溝通，同時，我們的心智也比較容易處理數字。對於無法和其他人溝通，對方也無法和我們分享的真理，我們其實沒有什麼信心。古希臘哲學家柏拉圖（Plato）試圖將所有哲學都建立在數字和數學之上，毫無疑問，這項舉動背後

的原因就來自於上述思考模式。柏拉圖想讓哲學家退回「洞穴」中，也就是參與同胞們的生活，而我們也從這項事實看到社會情感的連結更緊密了。柏拉圖感覺到，**即使是哲學家，也不能在缺乏安全感的情況下正常生活，而安全感正是來自社會情感。**

可以說，兒童一旦必須和其他人接觸，或是必須主動發起並完成特定任務時，「是否長期具有安全感」就會徹底顯露出來，尤其在學校要應付諸如數學這些需要具體、邏輯思考的科目時就特別明顯。

人類在幼兒時期就養成諸如道德感、倫理等觀念，但是通常都是片面的。對注定要離群索居的人來說，所謂倫理簡直是匪夷所思。至於道德感，唯有我們想到群體和他人的權利時，才會浮現心頭。有一種觀點比較難以證實，那就是每當我們想到「美感」、想到我們創作藝術的意圖。然而，即使是在藝術領域，我們仍然可以感知到普遍一致的印象，它的基本根源或許是來自理解健康、力量、正確社會發展等等。就藝術來說，它的界線尚有彈性，而個人品味的空間的彈性或許更廣。不過整體而言，即使是美學也會遵循社會發展的方向。

當「如何分辨兒童的社會情感發展程度？」這個實際問題擺在眼前，我們的回答是：必須先關注他的一些特殊行為表現。舉例來說，若我們看到兒童努力追求優越感、敦促自己凡事搶第一，而且完全不顧他人時，我們或許可以肯定：比起避

免做出這類特殊行徑的兒童，他們更缺乏社會情感。但是在現今文明社會，實在無法想像兒童竟然一點也不渴望個人至上主義。因此，可以說人們的社會情感通常沒有充分發展。這是批評者、現代或過去的道德家，一直抱怨個沒完的情況——他們批判：這種人就是天生的個人主義者，替自己打算的程度永遠勝過為他人著想。這種抱怨總是以說教的形式呈現，但是完全無法影響兒童或成人，因為單單是道德說教根本就成不了事，大家最終都會自行認為「其他人也沒有比較好」聊表安慰。

當有些兒童的思想變得非常混亂，以至於發展出有害或是犯罪的傾向時，我們就必須認知到，再多的道德說教也產生不了任何成效。在這類情境下，比較有機會的做法是：更深入探究箇中緣由，以便將邪惡的念頭連根拔除。也就是說，我們必須放棄擔任法官的角色，而是扮演兒童的夥伴或醫師。

如果不斷告訴兒童他很壞或很笨，他很快就會被說服、認為我們說對了；於是，他再也沒有足夠的勇氣解決眼前的任務。接下來會發生的事就是，這名兒童無論做什麼都會以失敗告終。「他很笨」這道信念已經根深柢固。他不明白的是，原來是環境破壞了他的自信，而且他會在潛意識安排自己的生活，以證明這道荒謬判斷是正確的。當兒童認為自己比同伴缺乏能力時，他會認為自己的能力不足、沒有機會。他的態度毫無疑問展現出沮喪的心境，正好和不友善環境所施加的壓力成正比。

個體心理學試圖闡述：我們可以在兒童所犯下的每一個錯誤中，察覺到環境的影響；舉例來說，沒有組織能力的兒童，總是躲在永遠會幫他把事情打理得井井有條的人後面；愛撒謊的兒童，總是生活在頤指氣使的成人影響之下——他想用嚴屬手段來改善兒童的撒謊習慣。我們甚至可以從愛說大話的兒童身上追查到他的生長環境痕跡：這類兒童通常會覺得必要的是讚美，而不是成功執行交代下來的任務；因此在追求優越感時，他會持續設法激發家人的讚揚。

每一名兒童的生活，總會有一些父母通常沒看到或是誤解的處境；因此每一名擁有兄弟姊妹的兒童，在家中的處境也都不一樣。家中的長子、長女都有一段身為獨生子女的時光，因此擁有獨特地位，是老二無法參透的體驗。家中的老么享有一段身為家中最小、最弱子女的時光，這也是一段獨特、不是每個孩子都經歷過的體驗。這些處境各不相同。當一對兄弟或姊妹一起長大，其中一名自然是年紀比較大，也比較有能力解決特定的困難，但是另一名還得努力克服。兩名兒女中比較小的那一個孩子，處於相對不利的地位，他自己也清楚感覺到了。為了彌補這種自卑感，他有可能會加把勁努力，這樣才能超越哥哥或姊姊。

長期研究兒童的個體心理學家，通常可以察覺到兒童在家中的排行。當年紀比較大的兒童依照正常進度發展，比較小的孩子就會受到刺激，想要付出更大努力以便和兄姊並駕齊驅。結果是，年紀小的孩子通常會變得比較主動、比較積極進取。如果年紀較大的孩子一直都表現得很弱，而且發展遲緩，年紀小的孩子就不用被迫付出這麼多努力和兄姊競爭了。

　　因此，**確認兒童在家中的排行很重要，唯有如此，才能通盤理解這個孩子**。身為家中老么是不容置疑的事實，他們也會明確表現出老么徵兆。當然也有例外，但是最常見的老么類型，就是會想要超越所有兄姊，因此他們絕不安靜，也總是被自認為「最終必須遠遠超過其他人」的感受和信念激發出進一步的行動。就兒童教育來說，這些觀察意義重大，因為它們決定我們採取何種特定的教育方法。**運用同一套規則來面對所有兒童是不可能的，每一名兒童都是獨一無二的存在，當我們根據一定的標準區分兒童類型，也必須謹慎的將他們視為不同個體對待**。在學校，這種條件幾乎不可能實現，但是在家中肯定辦得到。

　　老么屬於那種拍攝任何照片時，總是想要搶占最前排位置的類型，而且多數時候總是可以如願以償。這是格外重要的一項考量，因為它某種程度弱化了「心理特徵遺傳概念」。一旦來自不同家庭的老么都具備這麼多的相似點，實在很難再堅稱這是遺傳所致。

另一種老么類型和上述的積極主動類型完全相反，他們完全失去了勇氣、盡可能的怠惰。儘管這兩種類型似乎差異很大，但是可以運用心理學來解釋。有些人擁有想要超越其他人、過度強烈的企圖心，他們比其他人更容易被困難傷害。他的企圖心讓他不快樂，而且每當障礙似乎無法跨越時，他們就會比不具備這種企圖心和追求的人逃得更快。在這兩種類型的老么身上，我們看到了一句拉丁古諺所說的：「不為凱撒，寧為虛無。」（Aut Cæsar, aut nullus）或者是現代人所說的：「全拿或全輸。」

　　《聖經》對老么的描述極為貼切，和我們的經驗完全一致，例如：約瑟、大衛和掃羅等人的故事。有人可能覺得比喻不當，因為約瑟還有個弟弟班傑明，不過後者出生時他已經17歲了，因此在約瑟的兒童期，他就是家裡的老么。在生活中，我們很常可以看到家庭成員總是幫助老么。而且我們也發現，這不僅體現在《聖經》中，也出現在童話故事裡。所有童話故事裡的老么，都超越了自己的兄姊——不論是德國、俄羅斯、斯堪地那維亞或中國的童話，老么總是征服者。這完全不可能只是巧合，或許是古時候老么的形象，比現在更突出鮮明。我們必須更深入觀察這種類型，因為在早期的條件下，更容易觀察研究老么的情況。

　　「兒童發展的性格特徵，是依據他們在家中所處排行而定」這一點還可以進一步闡述。家中的長子、長女也具備許多

共同特徵，而且也可以被區分成二至三種主要類型。

　　我長年研究這項議題，但心中一直無法明確掌握整體概念，直到有一天偶然在德國小說家馮塔納（Theodor Fontane）的自傳中讀到這麼一段故事才突然茅塞頓開。馮塔納描述，他的父親是法國移民，曾參與波俄戰爭。每當父親讀到像是「一萬名波蘭人擊敗五萬名俄羅斯人，還把他們打得四處逃竄」時，總是非常開心。馮塔納不懂父親的喜悅，反而還基於「五萬名俄羅斯人必定比一萬名波蘭人更強大」這個理由提出反對意見，還說：「若非如此，我一點也不覺得開心，因為強者就該永遠是強者。」在閱讀這段故事時，我們會立刻跳到結論：「馮塔納是家裡的長子！」唯有長子、長女才會有這樣的說法。他記得自己身為家中獨子時所掌握的權力，並且覺得要是這股權力被更弱小的人奪走，就太不公平了。事實上，我們發現**家中的長子、長女通常有保守特質。他們相信權力、規則以及牢不可破的法律。他們傾向坦然接受專制，毫無愧疚之意。**他們對家中的權力地位抱持肯定態度，因為他們曾一度占據這類位置。

　　正如我們所說，長子、長女也有例外的類型。其中一種例外特別值得一提，也是兒童生活中長期被忽略的問題，那就是：一旦家中出現妹妹，長子就會變成悲慘的角色。這時，「難以理解」、「完全喪失信心」等詞彙經常會被套在男孩身上，卻忽略他的麻煩正是來自更年幼、更聰明的妹妹這件事

實。頻繁發生這種情況並非偶然，因為這確實有合理的解釋。我們知道，當代文明社會認為男性比女性更重要，長子更常常集萬千寵愛於一身，父母對他也抱持著高度期待。然而，原本被家人捧在手心裡的情況，卻因為突然蹦出妹妹而消失。小女孩進入這個原本獨屬於被寵壞哥哥的環境裡，於是哥哥視她為討厭的入侵者而極力抵抗她。這種情形會激勵小女孩更努力，而且如果她沒有失敗，這種刺激將會影響她一輩子。小女孩快速成長，因此嚇到了哥哥，他突然覺得自己的男性優勢將被摧毀。哥哥變得對什麼事都感到不確定，加上生理條件上，女孩14至16歲時，身心發展都會比男孩來得快，因此哥哥的不確定感可能會導致他徹底失敗。哥哥很容易就失去自信、放棄奮戰，為自己找了合理的藉口，或是為自己招來很多困難，這樣他就有藉口停止奮鬥。

有很多這類型的長子，他們感到困惑、絕望、無緣無由的懶散，或是蒙受神經焦躁所苦，原因無他，只因為他們覺得自己不夠強大、無法和妹妹競爭。有時候，這類男孩的仇女心態強烈到讓人不敢置信。他們的命運通常很悲慘，因為很少人可以理解他們的處境，還能好好的解釋給他們聽。有時候情況實在太糟糕，父母和家中其他成員還會抱怨：「為什麼情況不是剛好相反？為什麼不是長女配么子，偏偏是長子配么女。」

如果是家中有多名女兒卻只有一名兒子，也會有許多共同的性格特徵。既然家中有多名女兒卻只有一名兒子，就很難避

免由女性主導的家庭氛圍。男孩若不是備受所有家庭成員寵愛，就是所有女性一起排擠他。這類男孩自然發展得不盡相同，但還是會有某些共同特質。我們知道「男孩不該只被女性教育」這類觀點廣泛流傳，但是我們不能從字面上解讀這句話，畢竟男孩生下來就先被女性撫養。這句話真正的意思是，男孩不應該在女性氛圍主導的環境中被撫養長大。這並不是要反對女性特質，反而是要反對在這類情況下所衍生的誤解。同理也適用於在男性氛圍中長大的女孩。男孩通常會看輕女孩，結果是，女孩為了求取平等就會嘗試模仿男孩的行為舉止，但是這對她未來的人生並不是很適當的準備。

　　無論一個人多麼寬容大度，都不可能認同女孩應該像男孩一樣被撫養長大。縱使他可能會短暫相信這類說法，但肯定會因為無可避免的差異而清醒過來。因為生理結構不同，男性在生活中扮演的角色也不同。這一點在選擇職業時影響很大，不滿意自己陰柔特質的女孩，有時候會發現，她們難以自我調適以適應那些替女性設立的職位。當我們探討「準備結婚」這個問題，女性應該接受的教育就該和男性不同。不滿意自己性別的女孩會反對婚姻，而且認定婚姻是一種降格的行為，或者，一旦她們結婚了就會嘗試當家作主。像女孩一樣被撫養成人的男孩，在自我調整以適應現在文明社會形式時，同樣會經歷極大困難。

　　我們必須將這些都納入考慮，**因為兒童的生命風格通常是**

在4歲至5歲這段時間逐漸成形。在那幾年間，他必須發展出社會情感以及適應社會的必要彈性。到了5歲左右，兒童對生活環境的態度通常已經固著、成形，而且態度和方向幾乎一輩子都會固定。兒童對外在世界的感知能力會定下來，然而卻因此受制於自己的觀點，不停重複原始的心理機制以及順應產生的行為。人的社會情感往往就被限制在他的「精神視野」（mental horizon）內。

兒童在家中的排行，所造成的心理處境和補救措施

我們已經討論過，兒童身心發展的依據是「無意識解讀自己和周遭環境關係的相對地位」；我們也看到，家中排行老大、老二和老三的子女，發展各不相同，且都視其獨特的家庭排行而定。早期在家庭中的處境，或許可以視為兒童人格發展的測試。

兒童教育不能太早起步。隨著兒童成長，他會自己發展出一套特定的規則或是機制，以便規範自己的行為並決定自己對各種情境的反應。兒童在非常年幼時，就會開始建構這種導引未來行為的特定機制，不過只看得出些微徵兆。隨後，經過多年訓練，這種行為模式才會漸漸固定下來，他再也不會根據客觀情況回應，而是不知不覺的根據過去經歷加以解讀。**倘使兒童錯誤解讀任何特定情境，或是錯誤評估自己處理特定困難的**

能力，這種不正確的判斷將會決定他的行為模式，而且沒有邏輯或是常識可以改變他成年後的行為，直到原始、兒童時期的錯誤解讀被矯正為止。

在兒童成長時期，總會有些事情變得主觀而個人的，這就是教育者應該要深入研究的「個體性」（individuality）。我們無法用一般通則來教育不同兒童的原因，正是由於「個體性」。這也是為何在不同兒童身上運用同一套規則，會產生截然不同的結果。

另一方面，當我們看到不同兒童對相同的情境做出幾乎一模一樣的反應時，也不能歸結於自然法則；真相是，人類對遇到的情境普遍缺乏理解，因此傾向犯下同樣錯誤。一般人都相信，當家中有了新成員，兒童總是因此變得善妒。有一派人士反對這種一概而論的說法，主張也有很多例外情況；此外，知道如何為兒童做好心理準備來迎接小弟弟或小妹妹，或許就可以避免嫉妒心作祟。兒童犯下這種錯誤，或許可以比喻成：某人發現自己走在山間小道上，不知道該往哪裡或是該如何越過。當他最終找到正確道路、抵達下一座城鎮時，聽到人們驚喜的說：「曾經徘徊在這條小路的人，幾乎都迷失方向。」兒童犯錯經常是因為他們會選擇較為誘人的道路——看似容易穿越，因此能夠吸引兒童。

還有許多其他情況，也會對兒童性格產生難以估量的影響。我們多常看到有兩個孩子的家中，其中一個孩子很乖、另

一個卻很壞？更深入調查內情就會發現，那名頑劣的孩子，其實強烈渴望追求優越感、想要主導其他人，並發揮自己的所有力量來控制周遭環境。家中經常充斥著他的吼叫。反之，另一名孩子卻相當文靜、乖順，是全家人的寶貝，總是被當作頑劣子女的榜樣。雙親不知道如何解釋這樣的情況，為何同一個家庭會養出性格相反的孩子。抽絲剝繭後，我們會看到：乖小孩自己也意識到，只要表現良好總是可以博取更多認同，成功打敗頑劣的兄弟或姊妹。家中有兩名孩子自然就會有競爭，可以理解的是，不用奢望長子、長女會表現良好以便超越老二，相反的他會更努力反其道而行——也就是極盡所能的調皮搗蛋。我們的經驗是，這類調皮搗蛋的兒童可以被轉化，甚至比兄弟姊妹更優秀。我們的經驗也顯示，追求優越感的強烈渴望有可能會讓兒童走向光譜兩邊的極端。在學校，我們也會看到同樣的情形。

只因為兩名兒童成長在同一個家庭，就預測他們將會一模一樣是不可能的。沒有兩名孩子是在分毫不差的情境中成長。素行良好的兒童性格，其實會深受另一名素行不良的兒童影響。事實上，許多兒童一開始都是行為端正，後來才漸漸變成問題兒童。

有一名17歲女孩的個案，她在10歲前都是模範生。她有個大她11歲的哥哥，因為11年來都是家中獨子，因此被嚴重寵壞了。妹妹剛出生時，男孩沒有表現出嫉妒，行為一如往

常。女孩10歲時，哥哥開始長時間不在家。因此女孩坐擁獨生女的地位，而這個處境影響了她，讓她開始不顧一切為所欲為。她成長在富有的家庭，當她還是小女孩時，很容易想要什麼就有什麼。稍微長大一點後，她再也無法任性妄為，於是開始宣洩不滿。早先她是利用家庭的財務信用到處欠錢，短時間內就欠下一屁股債。這意味著，她只是選擇另一條可以滿足私欲的道路。每當母親拒絕答應她的要求，她的良好行為馬上就消失。女孩漸漸發展出哭鬧這種最討人厭的性格。

從這起個案和其他相似的範例來看，通常會有的結論是：兒童表現出良好行為，可以只是為了滿足追求優越感的渴望。因此我們再也不敢肯定，當情況生變時，這類良好行為是否能持之以恆。我們的「個體心理問卷」[7]有一大優勢，那就是它提供我們看見孩子以及其活動，還有他和周遭環境以及相關人士關係更全面的圖景。孩子的生命風格總是會透露特定跡象，**當我們深入研究兒童以及從問卷中獲得的資訊，就能發現他的性格特徵、情感和生命風格都是他用來促進自己追求優越感、提升自我感覺重要性，並在自己的世界中獲得威望的工具。**

7　編注：請參考附錄1。

校園中經常可以看到某種類型的兒童——他們的情況似乎和上述背道而馳。這裡所指的是「懶惰的兒童」，他們保守、對知識、紀律或矯正都無感；他們活在自己的幻想世界，完全沒有表現出一絲一毫想要追求優越感的渴望。然而，雖說有點荒謬，但如果經驗夠豐富，就能察覺到這也是一種追求優越感的形式。這類兒童不相信自己能用正常手段取得成功，結果是，他逃避各種自我改進的做法和機會。他孤立自己，給別人一種難搞的印象。但是這種難搞並不是他的整體人格；我們通常可以發現，隱藏其中的性情其實是極為敏感、怯懦，因此需要武裝出這種漠不關心的外表來保護自己免受傷害。他把自己層層包覆在盔甲中，不讓任何事情靠得太近。

一旦找到方法誘使這類型兒童開口說話，我們會發現，這樣的孩子善於獨處、經常做白日夢，並且幻想著自己永遠表現得十分優越或出色。現實離他們的白日夢非常遙遠。他們讓自己相信，他們是英雄、征服眾人；或是奪走其他人力量的暴君；或是協助苦難大眾的烈士。我們經常可以在兒童中看到這股「幻想扮演救世主」的傾向，而且不只是做白日夢，更是在他們的行為中。同伴面臨危險時，有些兒童可能會變得非常靠得住、馬上跳起來前去援救。做白日夢時總是扮演援救角色的兒童，某種程度也是在實際訓練自己，倘若他們不至於太沒自信，一旦機會來臨，他們就會起身行動。

特定的白日夢會重複上演。在奧地利的君主專制時期，有

許多兒童做過拯救國王或幫助王子脫離險境的白日夢。當然，父母從來就不知道兒女心中有這類念頭，大家看到的只是成天做白日夢的兒童無法適應現實世界，也無法讓自己成為有用的人。在這類情況下，幻想和現實之間產生天大的鴻溝。有時候兒童選擇中庸之道：他們繼續做白日夢，但是也自我調適以便適應現實世界。完全不打算自我調適的孩子，在現實世界中就只會愈來愈退縮，鑽進他們創造的私人世界；但是也有一些兒童對幻想世界沒有想望、全心投入現實生活中，就連閱讀，也是選擇旅行故事，或是打獵、歷史等書籍。

毫無疑問，兒童應該具備一些幻想能力，也應該願意接受現實，但是我們必須謹記，兒童看待事情的方式不是單純如我們所想，而且他們傾向將世界一刀切分成兩個極端。最重要的事實是，**我們理解兒童時應該謹記，他們強烈傾向將每一件事都劃分為對立兩面，不是上就是下、不是全好就是全壞、不是聰明就是愚笨、不是優越就是低下、不是全有就是全無。**成人也會有同樣的對立思想。大家都知道，很難擺脫這種對立的思考方式；舉例來說，冷、熱被視為兩面對立，但是我們知道，就科學角度來說，兩者的差別只是溫度不同而已。我們不只發現兒童很常會有這種對立思想，就連初階的哲學思想也是。希臘哲學的早期發展也被這種二元對立思想所主宰。甚至到今天，業餘哲學家幾乎都會試圖藉由對立辯證來衡量價值。有些人甚至製作了列表——生與死、上與下，最後是男與女等等。

當今兒童和古代對立的哲學思考，有十分顯著的相似之處，因此我們可以假設，那些習慣將世界一分為二的人，還保有孩子氣的思考方式。

生活在這種對立思想的人都有一套公式，可以用「全有或全無」這幾個字總結。當然，這樣的想法不可能在這個世界實現，儘管如此，他們還是根據這套公式安排自己的生活。在全有和全無這兩個極端之間，有成千上萬種過渡方式，但是我們發現，這套公式主要出現在那些自我感覺特別低下的兒童身上，他們將這種異乎尋常的企圖心當作補償。歷史上可以找到這類性格的幾個個案，舉例來說，凱撒大帝在謀求王位時被朋友謀殺。兒童的許多怪癖和性格特徵，可以追溯到這種全有或全無的思想——就好比固執。我們在兒童的生活中發現大量證據顯示，這類兒童發展出一種和常識相反的個人哲學或是獨有智慧。在此，我們可以引用一個4歲女孩的個案當作例子加以說明：她異乎尋常的固執、倔強。有一天母親遞給女孩一顆橘子，她收下以後隨手就往地板丟，然後說：「如果是妳給我的，我就不想要；我想要的時候，就會自己去拿！」

無法擁有一切的懶惰兒童，會愈來愈退入自己編織的白日夢、幻想，以及虛幻的空中閣樓。但是我們絕不能貿然假設這類兒童已經迷失自我。我們很清楚，生性高敏感的兒童會從現實世界中退縮，因為他們所打造的幻想世界承諾他們特定的保護，免受進一步傷害。不過這種退縮不必然證明適應不良或是

調適不佳。與現實保持一定距離是必要的，不只適用於作家和藝術家，甚至科學家亦然，因為他們需要豐富的想像力。白日夢激發的幻想，不過就是一種迂迴前進的概念，顯示個體試圖避開生活中的種種不愉快和失敗的可能性。但是我們千萬不要忘記，正是這些人豐富的想像力，而且有能力結合自己的幻想和現實，才能成為出眾的領袖。他們可以成為領袖不只是因為接受過比較良好的教育、擁有更敏銳的觀察力，更因為他們有勇氣且意識到，自己正迎面對戰生活中的困難並成功擊退它們。偉大名人的自傳經常揭示，雖說他們在現實生活中沒有發揮太多用處，而且小時候多半還是壞學生，卻發展出洞察周遭動靜的出眾能力；這樣一來，只要整體條件變得有利，就會激發出他們莫大的勇氣，足以推著他們面對現實、起身奮戰。自然的，如何在兒童時期就培養出偉人特質毫無規則可言。然而，有一點值得謹記在心：**我們絕對不要粗暴對待兒童，而應該永遠鼓勵他們、永遠試圖好好對他們解釋現實生活的意義，這樣一來，他們就不會在自己的幻想世界和現實世界之間，鑿出一道深淵。**

Chapter 9

全新的情境，考驗著孩子的心理準備程度

　　不僅精神生活應該視為整體，就人格在任何特定時段的所有表現來說，也都具有連貫性。人格會隨著時間拉長慢慢展現，而不是突然出現。當今和未來的行為總是和過往性格前後一致。這不是說，個體生活中的行為活動，都是被過去和遺傳機械化決定，而是意味著，未來和過去總是緊密相連、毫無間斷。我們無法一夜之間擺脫這副軀殼，儘管我們從來就不知道軀殼裡面的自我究竟是什麼模樣──也就是說，我們從來不認識自己完整的潛能，直到徹底發揮的那一刻為止。

　　人格是連續的、非機械式決定的這個事實中，教育和改進不僅可行，而且我們也可以檢測特定時期的性格發展。當個體進入全新環境，原本隱藏的性格特徵就會顯露出來。若我們可以直接對個體進行實驗，就可以透過將個體置於無從預料的全

新情境中，來探查他們的發展狀態。他們在這類情境下的行為，必定和既有的性格表現一致；而且在新情境中出現的性格，一般情況下不會顯露。

在兒童案例中，我們或許可以從某些過渡時期（例如從家中前往學校的途中，或是家庭狀況突然改變）洞悉他們的性格。到了那個時候，兒童被限制的性格就會清楚顯露，彷彿放入顯影劑中的相機底片。

我們曾經觀察過一名被收養的兒童，他難以教化、亂發脾氣，而且行為捉摸不定。我們和這名兒童談話時，他無法得體應對，回答問題時總是牛頭不對馬嘴。通盤考量整體情況後，我們做出以下結論：這名兒童住在養父母家好幾個月，至今仍對他們抱持敵意態度。可見他根本不喜歡住在那裡。

這是我們可以從眼前情況歸納出來的唯一結論。養父母一開始連連搖頭，直說他們對他很好，甚至好過孩子在過去生活中受到的待遇。不過這樣的善待並不是關鍵。我們經常聽到父母說：「我們已經試著對兒童付出一切，軟硬都試過，但是一點用也沒有。」僅僅善待遠遠不夠，有些兒童會親切回應這種善待，但是我們不能因為這樣就自認為已經改變他。這些孩子相信這種善待只是一時的，基本上他們認為，這種善待某一天會消失，他們的處境馬上會回到過去的狀態。

必要的作為其實是「理解兒童本身如何感受及思考」，也就是：孩子如何解讀自己的情境，而非他的父母如何想。我們

對這對養父母指出，這名孩子和他們在一起並不快樂。我們無法告訴他們，孩子這樣的態度是否合理，但是必定發生過某件事，引發兒童心中的恨意。我們告訴養父母，要是他們覺得無力矯正兒童的錯誤並贏取他的愛意，就應該要妥協，將孩子轉手給其他人，因為他總是會反抗那些他認為會束縛自己的東西。後來，我們聽說這名男孩確實變得暴躁易怒，並且被認為是危險分子。在受到溫柔對待時，兒童有可能會稍微改進，但那樣做遠遠不夠，因為他不明白整套機制如何運作——我們進一步蒐集資訊後，才徹底明白這個情況。這道案例真正的前因後果是：孩子和養父母的兒女一同生活成長，並相信養父母關心他的程度，遠遠不及自己的兒女。這肯定不是亂發脾氣的好理由，但是這名兒童想要逃家，而他的所有行為都在驗證這項渴望。他運用智力，朝這個為自己制定好的目標行事，因此我們可以認定他並沒有智能低下的可能性。這個家庭花了一點時間才明白，如果他們自覺無力改變養子的行為，那就應該要讓步，將他轉手給其他人。

要是有人懲罰這類兒童行為失檢，「懲罰」本身就會變成繼續反抗的好理由，正好證實了他的感覺——反抗有理。我們抱持的觀點立足於堅實的基礎，從這道觀點出發，**可以將兒童所犯的錯誤都視為他對抗環境的結果，也是他還沒準備好進入全新情境的結果**。儘管這些錯誤很幼稚，我們也無須驚訝，因為在成人生活中，我們也看到同樣的幼稚錯誤。

姿勢與不明顯的表達形式，幾乎沒有被研究過。或許沒有人像教師那樣得天獨厚，可以將所有表達形式聚集起來，並且檢視它們彼此之間的連結和源頭。我們必須記住，一種表達形式或許有不同的情境，而且具備不同的意義；兩名兒童可能做出同一件事，卻帶有不同的意義。此外，即使問題兒童具備相同的心理問題，表達形式依然千變萬化。這可以簡單比喻成另一種版本的「條條大路通羅馬」。

在此，我們不能以常識來評論對錯。當兒童犯錯，是因為他們設定了錯誤的目標。因此，為了這項錯誤目標而奮鬥，也是錯的。這是人類本性的一種特點：人類犯錯的可能性數也數不清，不過真相只有一個。

教育界並不重視這樣「好幾種的表達形式」，但這件事意義重大。以睡覺姿勢為例：有一個有趣的15歲男孩個案，他深受幻覺困擾，說看見奧匈帝國皇帝法蘭茲·約瑟夫一世（Emperor Francis Joseph I）的鬼魂，並且命令他籌組軍隊前去攻打俄羅斯。夜晚，我們進入男孩房間查看他的睡姿，結果看到讓人驚訝的一幕——他以拿破崙指揮千軍萬馬的姿勢躺在床上睡覺。隔天晚上，我們看到他的姿勢依舊類似軍人的睡姿。幻覺和他清醒狀態之間的連結似乎相當明確。我們找他談話、試圖說服他奧匈帝國皇帝還活著，但是他不願意相信。男孩告訴我們，他在咖啡館當服務生時，總是因為身材瘦小被奚落。我們問他，有沒有哪個人的走路姿勢和他很像，他想了一下然後

回答：「我的教師，麥爾先生。」我們似乎找對方向了，只要將麥爾先生想像成另一個小拿破崙，就能解決這個問題。更重要的其實是：這名男孩告訴我們，他想要當教師。麥爾先生就是他最敬愛的教師，因此他想要模仿對方的一舉一動。簡言之，這名男孩的睡姿可以概括他的一生故事。

全新情境是用來考驗兒童的準備程度。**如果兒童準備充分，就可以自信的迎向新情境；若是準備不足，全新情境就會帶來緊張不安，催生出無能感。**這股無能感會扭曲他的判斷力，導致回應失真——也就是他的回應不符合情境需求——因為這個回應並不是基於社會情感。換句話說，兒童在校表現失敗不僅該歸咎於教育系統無效，且主要問題也來自兒童本身。

我們必須檢視全新情境，並非我們相信它會導致兒童變壞，而是因為它更清楚的呈現出兒童準備程度不足。每一種全新的情境，都有可能被視為準備程度的考驗。

在這種情況下，我們或許可以再次提出個體心理問卷裡面的某些重點來討論[8]：

1. 從什麼時候開始，其他人對孩子有所抱怨？我們會馬上

8　編注：請參考附錄1。

關注是否有「全新情境」這一點。當一名母親評論，兒子在入學之前一切都好好的，她透露的事實遠比她理解的更多。顯然，對這名兒童來說，上學太沉重。當母親回答：「過去這三年孩子一直出狀況。」其實遠遠不夠。我們必須知道，三年前這名兒童的周遭環境或是他的身體發生過什麼變化。

兒童自信心減弱的第一道徵兆就是，他經常發現無法自我調整，以便適應學校生活。最初的失敗有時候不被大人認真看待，但這對兒童來說，可能就意味著一場災難。我們必須找出，兒童學業成績太差的話有多常受到體罰，而且這些壞成績或體罰，如何影響他追求優越感的過程。這名兒童有可能會相信自己沒有能力達成成就，特別是如果雙親老是動不動就愛說：「你永遠都不會有出息。」或是：「你會在絞刑架上斷送這一生。」

有些兒童會被失敗激勵而奮發向上；有些則是一蹶不振。我們一定要鼓勵對自己失去信心，也對未來失去信念的兒童；我們一定要溫柔、有耐性而且寬容的對待他們。

直白不諱的解釋與「性」有關的議題，有可能會讓兒童困惑不已。而兄弟或姊妹表現太出色，也有可能阻止他努力更進一步。

2. 是否曾經發現過這些跡象？ 意思是，這名兒童準備程度不足的情況，是否可以追溯至他周遭環境改變那段時間？關於這個問題，我們得到了各種答案：「這個孩子很不會收拾。」

言下之意是母親習慣幫他把事情都打點好；「他一直都很膽小。」言下之意是他強烈依附家人。當兒童被形容成孱弱，我們可能會假設他生來就帶有身體缺陷，因為虛弱的身體而被寵壞了；或者他有可能因為長相不佳就備受冷落。這個問題也暗指孩子可能是弱智。這名兒童有可能發展得十分遲緩，以至於大人猜想他可能心智不足。縱使他後來擺脫這種狀況，卻還是揮不去這種被溺愛或限制的感覺，而且這些感覺會讓他在企圖處理全新情境時變得更困難。如果有人告訴我們，這名兒童膽小又粗心，我們或許就可以肯定，他在爭取他人的關注。

教師的首要之務就是贏取學童的心，並鼓勵他們培養出勇氣。當一名兒童笨手笨腳，教師就應該要確認他是否是左撇子；要是兒童笨手笨腳的程度實在太誇張，教師應該要找出他是否完全明白自己的性別角色。成長在女性環境中的男孩，會避免和其他男孩為伍，結果就是被嘲笑、奚落，而且經常被當成女孩對待——這類男孩習慣把自己視為女孩圈的一員，未來也將發展出激烈的內心衝突。視而不見男女性器官差異的做法，將會導致兒童相信未來有可能改變自己的性別。不過他們終究會發現，自己的身體構造無可改變，於是會試圖根據自己希望歸化的性別，發展出心理傾向作為彌補（男孩發展出女孩的心理，女孩發展出男孩的心理）。而這些傾向，會表現在穿著打扮和舉止儀態上。

有些女孩發展出「厭惡從事女性職業」的情況，主要原因

是：她們認為這些工作價值低下。這確實代表我們文明社會的基礎是失敗的。「男性擁有許多不對女性開放的特權」這種傳統觀念依舊存在。我們的文明社會明顯對男人有利，而且認同男性獨享某些特定權力。一般來說，生下男孩會比生下女孩有更多喜悅，但不論是男孩或女孩，這種現象都會帶來有害的影響。自卑感很快就會刺傷女孩，而男孩則是必須背負超高的期待。女孩的發展受到限制——雖然在好比美國這些國家，這種限制不是那麼明顯——但是即使如此，社會關係也還沒有達到應有的平衡。

我們在此關注的，是映照在兒童身上的人類全部心理狀態。接受女性角色，意味著我們會面臨某些困難，而這些困難就是「可能會激起反抗」。這種反抗，通常就是任性蠻橫、頑固和懶惰的行為，而這一切都和追求優越感脫不了關係。當出現這類徵兆時，教師必須找出這名女孩是否不滿自己的性別。

這種特殊的不滿之情有可能會蔓延到其他領域，就連日常生活都變成負擔。有時候我們會聽到有人說「渴望住在另一顆星球，因為在那裡，人類沒有性別區分」。這類錯誤的思考方式，有可能導致五花八門的荒謬言行，或是全然的冷漠、犯罪甚至自殺舉動。懲罰或不願給愛，都只會增加這種匱乏感。

當兒童學會以審慎而自然的方式區分男女之間的差異，大人也教導他們男生、女生一樣好，就可以避免這類不幸的情況。在家中，父親通常是具備優越感的那一方，因為父親看起

來就像屋主，負責制定規矩、指出方向、對妻子解釋然後下決定。家中的男孩都會試圖比自己家中的女孩更優越，嘲笑和批評也讓女孩不滿於自己的性別。心理學家很清楚，男孩表現出這類行為舉止，只是源於他們自我感覺弱小。「有能力」與「看似有能力」差異極大。那些「自古至今女性還沒有能力取得偉大的成就」的批評實在讓人聽不下去，因為過去根本就沒有人培養女性實現偉大成就。男性只會將破洞的襪子塞進女性手中，然後試圖說服女性這才是她們應該做的工作。儘管這種情況已經稍有改善，但是時至今日，我們為女孩做的準備也不意味著，我們期待她們有任何豐功偉業。

若一邊妨礙培養女性，一邊又批評女性缺乏成就，可謂目光短淺。改善當前情境並不容易，因為它之所以會發生不單單是父親所致，母親也認同男性特權合情合理，並據此教養兒女。她們教養自己的兒女：男性權威是合情合理，家中男孩可以要求女孩服從，女孩也應該服從。應該盡可能讓兒童愈早知道自己的性別，也要讓他們知道性別無可改變。正如我們所說，女性會孕育出一股憎惡男性權威和優勢的情緒，一旦這股強烈的負面情感過於龐大，女性就會表現出拒絕接受自己的性別，同時力求盡可能像個男性。在個體心理學中，這種現象被稱為「男性異議」（masculine protest）。一旦出現諸如身體畸形或發育不完全的第二性徵，往往會導致他們成年後，以解剖學所謂完整的男女身體結構特徵為由，懷疑自己的性別（也就是

指女孩身上出現男性特徵、男孩身上出現女性特徵）。這些懷疑有時候會深植於心中，而且和個人身體缺陷息息相關。男性還沒有成熟的稚嫩身體構造，會表現得比女性更明顯，因此也會大幅提高男性具有女性化特徵的懷疑。這種懷疑完全錯誤，因為這類男性只不過是身體構造比較接近小男孩而已。身體沒有發育完全的男性會感覺格外自卑，因為在我們的文明社會中，理想的男性形象是高大魁梧，而且成就必須超越女性。反之，就女性來說，沒有發育完全或是缺乏美感，同樣也經常導致生活中出現許多問題，這全是因為我們的文明社會過分看重美麗。

所謂「性格」（disposition）、「氣質」（temperament）和「情感」（feeling）都被視為第三性徵。生性敏感的男孩會被形容成娘娘腔；從容有自信的女孩則是被描述成男人婆。這類特質絕非與生俱來，總是後天習得。這些成人回憶起他們在幼年時期已經有這些特徵，並談到這樣的事實：他們在童年時期就已經如此獨特，行為舉止表現得像男孩（或女孩）。他們根據自己如何解讀所屬性別來成長發展。更進一步的問題是，性發育和性經驗已經到達什麼程度？意思是，通常到了一定的年齡，就應該具備一定程度的理解。我必須說，至少有90％的兒童，在雙親或教育者解釋性的議題之前，早已知道實情。在解釋性的議題方面，沒有太多硬性規定，而且不是三言兩語就能解釋清楚，因為我們無法預測兒童最終會接受什麼樣的解釋，或是有多相信這類解釋，或是一般來說會對他造成什麼影響。一旦兒

童提問並要求解釋，我們應該慎重考慮當下他的狀況，然後好好解釋。倉卒草率的解釋即使不必然會有不良影響，也確實不明智。

　　養子女或繼子女的問題一向很棘手。不論哪一類兒童，都會將「順理成章受到妥善照料」以及「所有嚴厲管教」歸咎於自己所擁有的特殊家庭地位。有時候，失去母親的兒童會非常依附父親。當父親再娶，這名兒童就會覺得自己被拒於門外，因此拒絕和繼母做朋友。有個值得留意的有趣情況，那就是：有些兒童會把有血緣關係的雙親視為繼父母，當然，這意味著他在家中受到嚴厲的批評和抱怨。許多童話故事都把繼父母描繪得很邪惡，導致他們向來背負著壞名聲。順帶一提，童話故事並不是適合兒童的完美讀物。我們不可能完全禁止兒童閱讀它們，因為兒童可以從中學到許多人類的天性。不過在某些特定的讀物和故事中附上正確評論是值得一試的，這可以進一步防範兒童讀到充滿殘忍行為或是扭曲幻想的故事。童話故事刻畫的強壯男性做出殘忍行徑，偶爾會讓兒童讀者變得麻木、心腸冷硬，這是另一個源於我們英雄崇拜惡習的錯誤觀念。男孩認為表現同情心就是缺乏男子氣概，但我們完全無法理解，為何同情心這種美好的情感會受到藐視。只要不濫用同情心，它無疑是一種珍貴的情感——雖說任何情感都可能被濫用。

　　私生子女的處境也是極端艱難。「女性和兒童活該必須背負私生子臭名的包袱，男性卻可以逍遙法外」這一點不用多說

絕對是錯的。當然，付出最慘痛代價的人就是兒童。無論外人多麼想幫助這類兒童，都不可能阻止他們受到傷害，因為他們學到的常識很快就會告訴他們，這一切都不正常。他們會被同伴或其他人藐視，或是國家法律也會讓他們的日子很難過，加上私生子的臭名還會被合法的烙印在他們身上。由於他們敏感，因此動不動就會和他人發生口角，還會培養出敵視全世界的心態，因為對這一類兒童來說，世界上每一種語言都有邪惡、侮辱性和讓人痛苦難堪的字眼，可以用來對付他們。我們很容易就能理解，為何所有問題兒童和犯罪分子中，竟然有這麼多孤兒和私生子女。因此，我們不可能將這些私生子女或孤兒的反社會傾向，歸因於先天或遺傳傾向。

Chapter 10

入學，考驗孩子是否有能力
面對全新情境

　　正如我們所說，兒童入學時會發現自己置身在全新的情境。如同所有全新情境，入學可以被視為準備程度的考驗。如果兒童接受過完善訓練，就會用正常的方式通過考驗；否則準備階段的缺陷馬上就會顯露無遺。

　　兒童進入幼兒園和小學之際，我們並沒有經常記錄他們的心理準備程度，但要是這麼做的話，這類紀錄將會清楚解釋往後成人生活中的行為。這類「全新情境的考驗」當然遠比一般學業成績更能明確揭示兒童的情況。

　　兒童入學之際會面臨什麼要求？學校作業便是一種任務，要求他和教師以及同學合作，也用來發掘他對哪些學科感興趣。透過兒童對全新情境的反應，可以猜測出他的合作能力有多高、他的興趣範圍有多廣。我們可以判斷出，這名兒童對什

麼科目感興趣、他是否對其他人說的話感興趣，以及他是否對任何事情感興趣。我們可以透過兒童表現出來的態度、姿勢和臉色、聆聽別人說話的方式、是否採取和善的方式接觸教師，或是他盡可能站得愈遠愈好等等行為，來確認上述這些問題的答案。

這些細節如何影響一個人的心理發展，或許我們可以試舉一位特定人士的狀況加以說明：他在工作上遇到困難，因此找上心理學家諮詢。心理學家回顧他的童年時期發現，他成長在一個手足全都是姊姊的家庭；而且在他出生沒多久後，父母便雙亡。當他開始上學，不知道自己應該進入女校或男校就讀。姊姊們說服他進入女校就讀，但沒多久他就被退學。我們可以想像，這個決定會在這名男孩心中烙下什麼樣的印象。

兒童能否專注學校課業，很大程度取決於他對自己的教師是否感興趣。吸引兒童的注意力，並適時發現兒童何時開始無心聽講或無法專注，這都是教學技巧的其中一環。有許多兒童是在完全沒有學會專注能力的情況下入學，他們多半是被寵壞的孩子，身邊突然冒出這麼多全然陌生的臉孔，讓他們都頭昏腦脹了。如果教師碰巧屬於嚴厲型，這類兒童看起來就像什麼也記不住的樣子。不過這種記不住的現象，不像一般人認為的那麼單純。這些記憶力不好，又常被老師斥責的孩子，其實在其他事情上記憶不差。他甚至可以全神貫注，但是唯有在被眾人捧在手心的家中才會發生。孩子的注意力放在是否被寵溺，

而非學校課業。

如果這類兒童沒辦法應付學校生活；如果他的學校功課做得亂七八糟，考試也不及格，批評或責備完全無濟於事。批評和責備根本不會改變他的生命風格。反之，這類做法會讓他深信「自己完全不適合上學」，還會讓他培養出消極悲觀的態度。

重要的是，被寵壞的孩子一旦獲得教師的寵愛，經常就會變成超級模範生。當他們為自己搶占莫大的優勢時，就會勤奮努力；遺憾的是，我們無法保證他們在學校永遠都會受到寵愛。要是換了學校或是換了教師，甚至是他在特定科目的成績不進反退（好比算數永遠都是被寵壞孩子最危險的科目），他就會突然踩下煞車。因為他早就已經習慣每件事都手到擒來，當情況生變，就再也無法前進。他從未接受過奮鬥求進步的訓練，甚至也不知道如何奮鬥。也因此，他沒有耐性克服困難，更不想付出有意識的努力進而出類拔萃。

那麼，我們來看看，何謂充分做好入學準備。所謂準備不周的狀況，我們永遠可以在其間看到母親的影響力。我們可以理解，母親是點燃兒童心中興趣的第一人，因此她得扛起導引那股興趣朝健康方向發展的關鍵責任。如果她依舊像過去那樣未能善盡責任，就會顯露在兒童的在校行為上。除了母親的影響，還有整個家庭的影響——也就是來自父親的影響，還有其他兄弟姊妹之間的競爭，這些我們已經在其他章節分析過了。

另外，也會有其他外部影響，好比不良的社會環境或偏見，這部分我們將留待後續章節加以論述。

簡言之，這些後果加總起來，就能清楚解釋兒童入學的準備不夠充分。因此，依據兒童的學業成績來妄加評斷，是相當愚蠢的；反之，觀察兒童當前心理狀態時，我們應該將學業成績當成多種評估方式的其中一種。這不單單是他得到的成績，也體現了他的智力、興趣和專注能力等等。學業成績和智力測驗等科學測試儘管結構不一樣，但不該被解讀成兩回事。兩者的重點都應該強調揭示兒童心理，而不只是寫下一大堆事實。

近幾年，所謂的「智力測驗」大行其道，教師都非常看重它們，它們有時候確實是有點價值，因為可以揭露一些舊有測驗無法說明的事情，甚至一度證明它們足以拯救兒童。因此，要是有個男孩學業成績不佳，教師想要把他調降一個年級，但是他在智力測驗的分數卻超高，結果男孩不僅被調回原來年級，甚至還往上跳一級。男孩覺得自己很成功，行為舉止從此大不相同。

我們不希望低估智力測驗和智商的功能，但是我們必須說，一旦兒童做了這項測驗，不論孩子或父母，都不應該知道測驗結果。孩子和父母都不明白測驗本身的價值，會認為它是對孩子最終和最全面的評估，也會認為它暗示著兒童的最終命運，孩子的未來也因此受限於它。現實中，要是智力測驗所揭示的結論被視為絕對結果，將會飽受各界批評。即使兒童在智

力測驗中拿下高分，也不能擔保往後人生飛黃騰達；另一方面，拿低分的人也有可能長大後功成名就。

個體心理學家的長年經驗是，就算智力測驗揭示的結果是智力超低，無論何時，只要找到正確方法，就能提高分數。諸多方法中，有一套做法是讓兒童不斷練習特定的智力測驗，直到他找出正確的答題技巧，就像做足應考某種測試的準備一樣。兒童採取這種做法就會進步、累積更多經驗。在往後的測驗中，就會拿下更高的分數。

兒童如何受到學校日常教學影響，而且是否飽受課程壓迫，是一大難題。我們不該低估每一個科目的重要性，也不該認同學校應該減少教授的科目數量。當然，**學校教授的科目應該要連貫和統一，這樣兒童才能看到這些科目的實際價值和目的，而不會認定教科書是全然抽象的、通篇理論**，這一點很重要。當今各界熱烈討論的議題是：「我們應該教育兒童學科和客觀事實，還是應該教育他們的人品？」站在個體心理學的角度來看，兩者應該結合。

正如我們先前所說，學校教授的科目應該有趣、實用。若是教授數學——以算術和幾何為主——應該要結合建築風格和結構、當中可以容納多少人等等考量。有些科目可以合併教學，在某些做法比較前衛的學校裡，我們看到一些深諳如何將幾門科目串聯在一起的教學專家。他們會帶著兒童離開教室去外頭散步，試圖從中找出兒童對哪些特定科目更感興趣。他們

學著綜合指導、他們學著互通有無，舉例來說，他們教導植物時會順便介紹植物的歷史、全國氣候概況等知識。他們採取這種做法，不僅可能激發原本對這門科目無感的兒童產生興趣，還會傳授他舉一反三、融會貫通的方法。這才是教育的最終目標。

教育工作者絕對不能忽略的一大重點是——在校的學童，會覺得自己正在參加一場個人競爭。我們馬上就可以理解為何這一點很重要。**理想的班級應該是一個整體，置身其中的兒童都會感覺自己是這個整體的一分子**。教師應該要留意，彼此之間的競爭和個人企圖心不宜超出合理界線。兒童不喜歡看到別人超越自己，所以他們不是卯足全力追過競爭對手，就有可能一再落入失望的循環，轉而以主觀視角看待一切。這就是教師的忠言和指導為何如此重要的原因——如果教師說的話中聽，就會把兒童的努力從競爭轉向合作之路。

就這層關聯來說，修改班級自治計畫的制度確實有所幫助。我們不用坐等兒童完全做好自治的準備，才修改這一類的自治計畫。我們可以允許兒童一開始先觀察這麼做會發生什麼事，或是讓他們擔綱顧問提出建議。如果兒童在沒有做好準備的情況下，就被賦予完全自治的權力，我們將會發現，他們懲處時遠比教師更苛刻、嚴厲，甚至會祭出政治手段，利用顧問身分為自己謀求好處和優越感。

至於兒童在學校是否進步，我們必須納入教師和兒童雙方

的觀點。有趣的是，兒童在這方面的判斷力極為優異，他們真的知道誰才是班上的拼字王、畫畫王和運動王；也可以為彼此做出相當公正的評分。就算有時候不是那麼公正，但他們自己心知肚明，也會試圖公平。困難之處在於，他們低估了自己：他們相信：「現在，我永遠都別想追上了。」但這不是真的——他們當然可以趕上。必須有人指出他們判斷錯誤，否則這會成為孩子這一生的「執念」（idée fixe）。抱持這類想法的兒童不會進步，反而永遠都會在原地踏步。

校園裡，絕大多數兒童總是實力相當——他們不是最頂尖就是最低下，再不然就一般般，而且差不多就會停在那個水準。這個狀態並不代表大腦發育就此為止，而是怠惰的心理態度在發揮作用。這是一種徵兆，代表兒童自我設限，也就是跌了幾跤之後便不再樂觀。不過有件事很重要：成績偶爾會出現相對明顯的變化，這顯示，兒童的智力發展水準，其實不受所謂宿命掌控。兒童應該要知道這一點，這樣他就能被引導著去學會善用智力。

教師和兒童也應該擺脫一道迷信，那就是：「智力正常的兒童所實現的成就，都可以歸因於特殊遺傳。」這或許是兒童教育中天大的錯誤——相信遺傳能力強大。當個體心理學率先指出這一點謬誤時，大眾都覺得，它只不過是我們一廂情願的樂觀臆測，而非基於科學角度得出的通論。不過現在有愈來愈多心理學家和精神病醫師都接受這項觀點。遺傳能力太輕易就

被家長、教師和兒童本身當作代罪羔羊。無論何時，只要遇到需要付出努力才能克服的困難，他們就很容易推託給遺傳能力，這樣就可以卸除需要付出的責任。不過我們沒有權利逃避自己的責任，我們也應該對鼓勵逃避責任的任何觀點抱持懷疑態度。

相信自己教育工作的價值、相信教育就是鍛鍊品格的教育者，不會全盤接受遺傳能力的觀點。在此，我們不關心生理方面的遺傳。我們知道，器官缺陷甚至器官能力強弱的差異都是遺傳所致，但是何處連接了器官功能和心智能力？在個體心理學領域中，我們堅信心智會體驗並評估器官的發展程度。有時候心智發展過頭，會出現器官失能造成的心理恐懼，就算解決了器官失能問題，心理恐懼依舊久久不散。

眾人總是喜歡追本溯源，尋找是什麼原因導致這樣的現象，但是我們持續用來評估個人成就的這種觀點，其實誤導性很高。在這個發展過程中，常見的錯誤大多是漠視多數祖先的影響，也忘了在建立家族樹（族譜）時，每一個世代都有來自父母雙邊的影響。如果往前回溯五個世代，就會有64位祖先，在這些祖先當中，無疑可以找到某一位特別聰明，還把這項能力遺傳給後代子孫的人。要是往前回溯十個世代，就會有4096位祖先，那麼毫無疑問我們也會找到一位（甚至不止一位）能力出眾的祖先。但是我們也不要忘記，一位能力出眾的祖先為家族後代留下優秀傳統影響，其實類似遺傳作用。因此我們可以

理解，為何某些家庭產出更多能力出眾的人才，明顯、簡單的事實是──這不是遺傳作用。只需要想想「在歐洲，當兒童被迫接手父親的事業時多半會如何發展」，就知道答案了。要是忽略社會體系的作用，這些關於遺傳的統計數字，看上去就顯得十分有說服力。

除了遺傳觀念，導致兒童最大困難的另一個問題，就是因為糟糕的學業成績而被處罰。如果兒童學業成績不佳，他也會發現教師好像不太喜歡自己，在學校就已經不好過了，且放學回到家後還會有另一個新局面，那就是父母的責備──孩子不僅會被父母親責備，甚至還會有體罰。

教師應該謹記「難看的成績單所引發的後果」。有些教師相信，如果兒童帶著糟糕的成績單回家，會增加他的鬥志，但是這些教師都忘了，有些家庭環境相當特殊，某些家庭對兒童的管教十分嚴厲，這類家庭出身的兒童一想到要帶著糟糕的成績單回家就會非常猶豫。結果是，孩子可能根本不敢回家，有時候甚至會陷入極度絕望、因為害怕父母親乾脆自我了斷。

教師確實不需要對學校體制負責，但是若能在客觀、嚴肅的體制中，加入一絲關乎人性的同情心和理解會更好。這樣的教師有可能會採取比較溫和的做法，來對待家庭環境特殊的問題學生，進而鼓勵對方而非把他推向絕望。學業成績總是吊車尾的兒童其實內心沉重，加上其他人動不動就指責他是全校成績最差的學生，說久了甚至連他自己都會信以為真。要是能設

身處地為這類兒童想想，馬上就能理解為何他不喜歡上學。這種反抗心理只是人性而已。倘使有任何人處於老是被批評、總是獲得糟糕的學業成績、覺得就算努力也沒有用的地方，他不可能會喜歡這裡，還會找到機會就想逃。所以，當我們看到這類兒童蹺課在外時，根本就不該對他們生氣、難過。

雖然我們不應該對孩子蹺課的情況大驚小怪，但是我們必須明白這種行為的嚴重性。我們應該意識到，它意味著糟糕的開始，特別是如果它正好發生在青春期。這類兒童夠聰明，足以做出偽造成績單、蹺課之類的行為來保護自己免受懲罰。一旦踏上這條路，這些孩子可能會遇到和自己情境相差無幾的同儕、成群結夥，從此踏上最終通往犯罪的錯誤道路。

如果接受個體心理學的觀點——也就是「沒有孩子是無可救藥的」——就可以避免上述這些情況。**我們必須體認到「總是可以找到方法來幫助孩子」，即使是在最惡劣的環境中，永遠都有特定的方法可以派上用場**——確實，我們也需要先找出這套方法。

至於學業成績太差，以至於被留級的兒童，幾乎不用再多說什麼。教師都會同意，留級對校方和家庭來說都是一大難題——雖然情況可能並非總是如此，但是確實只有少數例外。多數的留級生都會重複留級——他們總是遙遙落後，而且眾人對他們的困難總是避之唯恐不及、從不費心解決。

什麼情況下應該讓兒童留級，這是非常棘手的問題。有些

教師會利用假期幫孩子補習、找出並糾正他們生命風格中的錯誤，就能成功避開這個問題，這樣一來孩子就能繼續升到下一個年級。如果校園裡有這種特殊的輔導教師（tutor）制度，就值得推廣上述這種方式。只不過，我們有志工、訪問教師（visiting teacher）[9]，就是沒有這種特殊的輔導教師。

德國並沒有「訪問教師」制度，而且在我們看來這樣的制度並非必要。其實公立學校的導師就是觀察兒童最適當的人選，只要觀察準確，導師可以比其他人更清楚發生了什麼事。有些人會說：「導師不可能了解每一個學生，因為班級裡的學生太多。」但是如果觀察過兒童入學之際的情況，他很快就可以看清楚孩子的生命風格，進而避免許多困難發生。就算班上學生很多，也應該辦得到。如果教師很了解這一整個班級的孩子，就可以教得比那些對孩子一無所知的人還要好。一個班級內有太多學生完全不是好事，應該要極力避免，但是這並不是無法克服的障礙。

從心理學角度來看，比較好的做法是「教師不要年年更換」（有些學校甚至半年就換一次導師），導師應該跟學生一起升上一個年級。如果教師可以帶領同一班學生兩年、三年或四

9　編注：美國公立學校所聘雇的職員。他們會到學生家中拜訪，結合家庭與學校系統來幫助因家中環境而有社會與情緒問題的學生；他們同時也會指導因為疾病或身體殘疾而無法到校的學生。在台灣，相關工作通常由「巡輔老師」來執行與處理。

年，將會是全班的福音。屆時，這名教師就有機會進一步認識所有學童，他將可以發現每一名學童錯誤的生命風格，進而矯正它們。

兒童經常會跳級。這麼做究竟有沒有好處值得商權。跳級經常讓他們被寄予厚望，但是他們通常達不到。只有那些在該年級中，年齡較大的孩子才適合考慮跳級。同時，我們也應該考慮讓那些過去經常留級，但現在進步飛速、成績優異的兒童跳級。就算兒童的學業成績優異，或是懂得比同儕多，我們都不應該拿跳級當作獎勵。對這些聰穎的孩子來說，花額外的時間在課外學習上，好比繪畫、音樂等等，才是大有好處。而聰穎孩子這樣的學習方式，也會對全班帶來好處——會激勵同儕見賢思齊。因此，把比較優秀的學生從班級中抽離出來，並不是明智做法。但是也會有人說：「我們應該讓出類拔萃、聰穎過人的學童升上一個年級。」我們不相信這種說法；我們反而相信，正是這名聰穎的孩子在推動全班進步，為全班帶來更強大的進步動力。

檢視資優班和放牛班這兩種班級，是很有意思的事情。我們會驚訝的發現，實際上，資優班裡竟有少數兒童確實有智力遲緩的問題，而且放牛班也不如多數人以為的那麼駑鈍，只不過出身貧困家庭。貧困家庭的兒童帶給外界發展遲緩的印象，因為他們的準備程度不是很到位。關於這一點，我們馬上就可以理解：他們的父母有太多事要做，無法撥出時間給兒女，或

者是他們可能本身受教育程度不高，因此不知道要為兒女做什麼準備。這類心理準備程度不足的兒童，根本不應該被編入放牛班。對兒童來說，被編入放牛班是一塊汙點，總是會因此被同伴取笑。

照顧這類被編入放牛班的兒童，有個比較適當的做法，那就是「善用我們先前討論過的輔導教師」。除了輔導教師，校方也應該成立課輔班，讓兒童可以得到額外輔導。他們可以在課輔班完成回家功課、玩遊戲、讀書等等。如此一來，我們就可以鍛鍊孩子的勇氣，而不是養出滿腹挫折——這正是孩子在放牛班裡得到的。一旦這類課輔班結合了比我們現在所能提供更開闊、更豐富的操場，就可以讓兒童完全遠離街頭，避免受到不良影響。

在教育實踐的討論中，「男女同校」的問題總是會浮上檯面。說到男女同校，可能會有人說：「原則上應該要推動這套做法。」以「讓女孩與男孩更深刻認識彼此」這一點來說，這確實是很好的做法。但是，每當有人談到男女同校，並且期待這樣的方式能自行正常發展，那就犯下天大的錯誤。男女同校會牽涉到一些必須考量的特殊問題，不然弊端就會遠遠超越好處。試舉一項大家都會忽略的事實為例，那就是「在16歲之前，女孩發育得比男孩快速」。要是男孩不明白這一點，就只會看到女孩成長、進步的速度更快，也因此失去平衡，繼而展開一場毫無意義的競賽。而諸如此類的事實，必須被校方或是

導師納入考量。

男女同校可以成功推行，關鍵在於教師本身喜歡這套制度，而且理解當中必須解決的問題。但是，不喜歡男女同校的教師會覺得這套制度是負擔，這樣一來，他所帶領的男女同校班級就會失敗。

倘若沒有妥當管理男女同校制度，兒童也沒有接受正確的引導與關照，當然會引發性方面的問題。關於這個問題，我們會在下一章深入討論，在此僅指出：在校教導性教育，是複雜的問題。**事實上，學校不是傳授性方面問題的好地點，因為當教師在全班學童面前聊起性議題時，他無法得知學童將會如何解讀他所說的內容。**這和兒童私下主動找教師請教大不相同。如果一名女孩請教教師，教師就能根據事實正確回覆。

聊了一下教育管理層面之後，現在要拉回原本的核心問題。我們大可說：「透過和孩子討論他們的興趣、找出他們可以成功學習的科目，我們一定能從中發掘出教育兒童的方法。」成功才是成功之母，這句話不僅適用於教育領域，也適用於生活的其他面向。它的意思就是：如果兒童對某一門科目感興趣，並因此有出色的成績，他就會受到激勵、願意把其他事情做好。這一步有賴教師引導學童，將這門科目的成功經驗，當作追求更廣泛學問的踏腳石。學童不明白怎麼做，才能單憑自己的努力來提升自我能力，可以說這就如同我們每個人都曾經從一無所知到學會知識。不過教師可以提供協助，而且

一旦他投入其中便將發現——學童其實可以領略重點，而且願意配合。

我們已經探討過如何找出兒童感興趣的科目，同理也可以用在兒童的感官發展。我們必須找出，兒童最常使用哪一種感官，以及他們最喜愛的感官類型。許多兒童在觀察和尋找方面有比較完善的訓練、有些聽覺敏銳，也有些則是身手矯捷等等。近年來，有一種所謂的「手作學校」（manual school）蔚為風潮，它們善用健全原則，在課程內結合雙眼、雙耳、雙手的培訓。這些學校的傑出成就，顯示了「利用兒童感官興趣」的重要性。

如果教師發現，有一名兒童屬於偏愛用雙眼的視覺類型，他就會知道，在那些需要運用雙眼的課程（好比地理課），兒童的學習會變得容易一些。這些孩子透過雙眼來學習的效果，會比透過聽講更好。這只是「老師觀察這類有特殊感官孩子應有的洞見」的一個小舉例。事實上，從看到兒童的第一眼印象，教師就能獲得許多其他這類的洞察力。

簡言之，**理想教師肩負一項神聖又美好的使命，那就是：他塑造著兒童的心智，也掌控著人類的未來。**

不過，該怎麼做才能將理想轉化為現實？光是靠想像遠遠

不夠，我們必須找到一套方法推動並落實這些教育理念。很久以前，我在奧地利維也納搜索過這類方法，並且在校園內設立諮詢或指導診所，來執行這套可行的方法[10]。

這些診所的目的，就是將現代心理學知識落實在教育體系。稱職的心理學家不只專精心理學，同時了解教師和父母的生活情況，並在將來的某一天，可以和教師一同參與診所諮詢。到了那一天，教師將會開會討論他們手中的特殊問題兒童狀況，好比懶惰、搗亂和偷竊等等。教師會描述自身遇到的特殊個案，然後心理學家會依據自己的經驗貢獻見解，接著就此展開討論。肇因為何？這種情形是從什麼時候開始？應該怎麼做？再來則是分析兒童的家庭生活，以及他本身完整的心理發展歷程。最終，整個團隊結合彼此的專業知識，並且決定該怎麼處理這名特定的兒童。

下一場討論會，兒童和母親都應該親身與會。在座人士商討好如何影響母親後，就會請母親先入場。母親聽取兒女遭遇挫敗的緣由，然後換她講述自己對兒女狀況的所見所聞。接著，母親和心理學家會展開討論。一般來說，母親會很開心看到這些人對她的兒女感興趣的徵兆，也很樂意配合。一旦母親表現得不友善並透露出敵意，教師或心理學家就要開始聊起類

10　請參見阿德勒與夥伴所寫的《引導兒童》（*Guiding the Child*, Greenberg Publisher, New York, 1930）一書，書中詳細介紹了這些診所的歷史、技術和成果。

似的個案和他們的母親，直到對方不再抗拒。

最終，當全體同意這套影響兒童的做法後，就換成兒童進入房間。他會看到教師和心理學家，然後心理學家會先開始和他談話，但不是談論他所犯的錯誤。心理學家的說話方式就像講課，以兒童聽得懂的方式客觀分析，內容包括造成兒童適切發展失敗的問題、原因和構想。兒童會因此明瞭，為何自己老是感覺被打壓，而其他小孩則受到偏愛，以及他又如何因此對成功感到絕望等等。

這套諮詢方法沿用至今差不多15年，接受過相關工作培訓的教師都非常滿意，而且沒有想過要放棄這份已經投入4年、6年或8年的工作。

而兒童則是從這項工作中得到了雙倍好處，那些一開始被視為問題兒童的族群已經被徹底根治──他們學到合作精神和勇氣。其他還沒有被傳喚進諮詢診所的兒童也有很多收穫。一旦教室內出現某種情況，且隱隱變成一道問題時，教師會提議所有孩子開始討論這件事。當然，教師會指導這場討論，但兒童參與其中且完全擁有表達意見的機會。他們開始分析某個潛在問題──好比班上的懶惰風氣。最終他們會歸納出某種結論，而且儘管懶惰的學童並不知曉，但他們必定會從這場討論會中獲益匪淺。

這個概要說明，蘊含著「心理學和教育有可能融合在一起」的跡象。**心理學和教育是同一種現實和問題的兩大面向。**

若想引導人類心智，就需要了解心理的工作方式，那些明白人類心智以及其工作方式的人，才能善用他的專業知識引導人類心智提升到更高階、更普世的目標。

Chapter 11

看見外部環境，
如何影響孩子的成長

在個體心理學領域中，心理和教育的觀點十分廣泛，因此不曾忽略「外部影響」。老一派的「內省心理學」（Introspective Psychology）陳義狹隘，以至於德國心理學家威廉·馮特（Wilhelm Wundt）發現，為了顧及它所遺漏的事實，有必要發展「社會心理學」（Social Psychology）這門全新的科學。但是這在個體心理學中毫無必要，因為個體心理學同時且同樣關注個體的心理及社會層面。它並未因為特別關注個體的心理，而撤除了刺激心理發展的外部環境；也沒有因為特別在意外部環境，而排斥了個體的獨特心理。

教育者或教師都不應該相信「自己才是兒童的唯一教育者」。外部影響的浪潮源源不絕的流入兒童心中，直接或間接的塑造兒童——也就是說，先影響父母並且引領他們達到某種

心智狀態，然後就可以間接影響兒童。這一切都無可避免，因此必須納入考慮。

教育者必須納入考量的第一點就是「經濟環境」。舉例來說，我們必須謹記，有些家庭世世代代都生活在一種十分窘迫的經濟環境中——這些家庭總是背負著痛苦和悲傷繼續抗爭。他們深受這種悲傷和痛苦影響，因此無能為力教育兒童採取健康、合作的態度。他們生活在人類心智瀕臨極限的邊緣，在這種情境下，他們總是驚惶失措，完全無法和他人合作。

也因此，我們必須謹記：**長期處於吃不飽或是經濟條件不好的情境中，不僅會影響到父母，也會影響到兒童的生理健康，而這種結果又會反過來造成重要的心理影響。**我們在戰後的歐洲兒童身上看到這種情況。他們都比年長自己好幾個世代的人更難撫養。除了經濟環境和它們對兒童發展造成的影響，我們也不能忘記父母本身缺乏生理衛生知識所造成的影響。這種愚昧無知，和父母小心翼翼以及溺愛的態度有關。父母想要寵愛兒女，也害怕為他們帶來任何痛苦。但有時候他們還是會漫不經心，舉例來說，脊柱彎曲幅度會愈來愈大，但父母不會及時帶兒女去就醫。這當然是錯誤的，特別是如果生活在醫療服務唾手可得的城市中。生理條件不良，要是再加上未能及時矯正，可能會惡化成嚴重、危險的疾病，甚至可能會留下難以癒合的心理傷疤。所有疾病都是內心世界的「危險角落」，應該要盡可能避免。

倘若這些危險角落無可避免，培育兒童充滿勇氣、社會情感的人生態度有助於降低它們的危險程度。事實上我們大可以說：**唯有兒童心中缺乏社會情感，生理疾病才會影響到心理健康。** 在自我感覺是整體社會一分子的環境中長大，兒童受到危險疾病影響的程度，將遠遠低於那些被寵壞的兒童。

病例顯示，一旦兒童罹患百日咳、腦炎、舞蹈症（chorea）[11] 等疾病，通常會出現心理問題徵兆。有人會認為：「正是這些疾病引起心理障礙。」不過真要說的話，這些疾病只是把兒童隱藏的性格缺陷攤在陽光下而已。兒童在罹病期間會感受到自己力量強大，還會發掘出操縱全家人的方法。在罹病期間，他親眼見到父母滿臉恐懼和焦慮，由此知道全是因為他生病所致。大病痊癒之後，孩子仍想繼續成為家庭的焦點，因此試圖提出各種要求和意願，進而主宰父母親的行動。當然，這是發生在從來沒有接受過社會情感訓練的兒童身上，他們需要的只是以此展現自我。

另一方面，我們留意到，有時候疾病可能是改善兒童性格的大好時機。這一點很有趣，其中一個範例來自學校教師所生第二個孩子。這位教師本人非常擔憂他的二兒子，但是完全不知道該拿他怎麼辦。男孩三不五時就會逃家，而且永遠都是班上成績吊車尾的學生。有一天，正當這位父親幾乎要送男孩去

11　譯注：基因異常引起的肌肉神經異常，病人會做出看似跳舞的不自主運動。

少年管教所時，男孩被檢查出罹患了好發於髖關節的脊椎外骨關節結核（tuberculosis of the hip），這是一種需要父母花費很長時間照料的疾病。當這名男孩病癒後，竟然反而變成家中最優秀的兒童。這名男孩心心念念的，只是父母親的額外關注，而這場疾病來得正是時候。先前他一直不受管教是因為哥哥實在太出眾，他總覺得自己只能活在哥哥的陰影中。他沒辦法像哥哥一樣備受眾人稱讚，才會整天打架鬧事。不過這場病說服男孩相信，自己也有可能像哥哥一樣被父母親稱讚，於是他學會讓自己表現良好。

關於疾病，還有一點值得留意，那就是：**兒童的心智會深深受到生病過程記憶的影響。**兒童對於世界上居然有疾病和死亡這類危險的事感到很意外、很驚訝。這道記號已經銘刻在他們心上，還會在日後的生活中顯現，因為我們發現，許多人對生命和死亡感興趣。在這個族群中，有一部分的人找到駕馭自己對生病感興趣的正確道路——他們有可能成為醫師或護士。但是許多人總是擔心受怕，以至於疾病變成糾纏不去的陰影、阻擋他們從事有益的工作。有一份報告檢視了一百多名女孩的成長紀錄，其中顯示，幾近50%女孩坦承，她們生活中最強烈的恐懼是生病和死亡的念頭。

父母務必留意，不要讓兒童對小時候生病的事留下太深刻印象。他們應該為這類事實做好心理準備，以免遭受突如其來的打擊。**父母應該帶給兒童一種觀念——生命雖然有限，但是**

也夠長，足以活出價值來。

　　兒童生活中的另一個「危險角落」就是接觸陌生人、熟人，或是家族朋友。接觸這類人士之所以會是錯誤，其實是因為他們並非真的對兒童感興趣。他們只喜歡逗兒童開心，或是做一些在很短的時間內會深深影響孩子的事情。他們毫不吝嗇的讚美兒童，因此讓兒童變得驕傲自負。他們相處的時間非常短暫，因此會縱容孩子，卻替日常教育者製造了一大堆麻煩。這一切都應該避免，陌生人不應該干涉父母的教育方法。

　　再次提醒，陌生人動不動就會搞錯兒童性別，戲稱男孩是「小美女」，或是反過來稱女孩是「小帥哥」。這類舉止也應該能免則免，箇中原因我們留待第12章〈如何面對孩子的青春期與性教育〉再詳加討論。

　　家庭環境自然很重要，因為它讓兒童看見家庭參與社會生活的程度，也就是：帶給孩子有關合作的第一道印象。成長在孤立家庭的兒童會在家庭成員和外部人士之間，畫下明顯深刻的界線，他們會感覺好似有一道鴻溝，分割了家庭和外部世

界，因此會以敵意的眼光看待外部世界。孤立的家庭生活不會鼓勵兒童建立社會關係，還會傾向養出充滿猜疑心的兒童，他們只願意關注自己感興趣的事物，而這種方式會阻礙兒童發展社會情感。

兒童到了3歲左右，應該已經做好想和其他兒童一起玩遊戲的心理準備，而且應該不至於在陌生人出現時感到害怕。否則，這名兒童日後將會變得羞怯、忸怩，還會對他人抱持敵意。一般來說，我們會在被寵壞的兒童身上看到這種特質。這類兒童總是想要「排除」他人。

如果父母及早留意到這種現象，然後主動矯正兒童的這類傾向，他就可以確定，這名兒童往後的人生將不會沾惹一大堆麻煩。如果兒童在3、4歲以前都接受到良好教育——例如孩子被教導過要和其他人一起玩、具有團體精神——他將不只免於羞怯和自負，更不會有精神官能症（neurosis），甚至精神錯亂。精神官能症和精神錯亂只會發生在那些過著孤立生活、封閉自我，而且對他人不感興趣，也無法和別人合作的族群身上。

討論家庭環境時可能要順帶一提「經濟環境生變可能會帶來的困難與結果」。如果家庭曾經很富裕（特別是在兒童非常年幼的時期），之後卻家道中落，顯然這對孩子來說是困難的情境。對那些被寵壞的兒童來說這是最困難的情境，因為他從來沒有為此做好準備——也就是他不再獲得如過去般的關注。因

此孩子會想念過往的優越生活，整天發牢騷。

如果家庭突然暴富，也會對兒童成長帶來不利影響。因為父母還沒有做好善用財富的心理準備，也特別容易在養兒育女方面做錯決定。他們想要提供孩子美好童年，也想要嬌寵、溺愛他們，因為他們認為已經沒有必要繼續精打細算。結果是，我們發現問題兒童經常出自這類暴富家庭。這類家庭的男孩，在問題兒童中也相當令人頭痛。

如果兒童接受適當的合作訓練，其實都可以避免這類困難甚至是災難。這些狀況就像打開的大門，讓這類兒童輕易的逃離必要的合作訓練，因此我們必須格外留意。

兒童不只會被窮困和暴富這類異常物質條件影響，也會被異常的心理環境影響。我們首先想到的是家庭處境可能會帶來心理偏見，這些偏見可能來自個人的不良行為，例如父親或母親做了某一件社會不容的醜事。在這種情形下，兒童的心理將會深受影響，他會帶著恐懼和憂慮面對未來、他會想要避開同儕，也會害怕被發現自己竟然有這種父母。

父母不只有教育孩子閱讀、書寫、算術的責任，更要為兒女打下強健的心理發展基礎，這樣一來他就不需要承擔比其他人更沉重的困難。因此，如果父親是酒鬼或是脾氣暴躁的人，

他就必須謹記自己的言行舉止都會影響兒女。要是夫妻關係不睦、動不動就吵架，往往也會反映在兒女身上。

這些童年經驗就像刻在兒童靈魂中的鮮活銘文，讓他無法輕易忘懷。當然，如果他有受到合作訓練，就能消除這些經歷的影響。但是，這類非比尋常的經歷會為兒童帶來各種考驗，足以阻礙他們從父母身上學到那種訓練。這就是為何近年來冒出了一場協調運動，為了在校園內成立兒童諮詢指導診所。如果父母因為某些原因無法善盡自己的職責，就必須交由接受過心理訓練的教師接手，如此一來這名教師可以引導這名兒童開展健康人生。

除了對個人環境的偏見，還有某些偏見可以來自國籍、種族和宗教。我們總是會發現，這類偏見不僅會影響那些受到侮辱的兒童，也會反向波及那些出口傷人的挑釁者。他們會變得傲慢、自負；他們相信自己屬於某一個特權團體，每當他們試圖實現為自己設下的優越目標，最終依然會失敗。

國籍和種族偏見，確實會引發戰爭——若想挽救人類的進步和文明，就必須根除這種全體人類的大患。教師的任務，就是要對兒童闡明戰爭的根本原因，不要提供兒童輕易的機會，讓他舞刀弄槍來展現自己追求優越感的企圖心。這不是文明生活的適切準備。許多男孩因為童年時期的軍事化教育而加入軍隊；但是除了那些參軍超過上百回的族群之外，許多人是因為童年的戰爭遊戲，導致餘生都在心理殘缺中度過。他們永遠都

像戰士一樣好鬥、充滿不滿，不曾學會如何和同伴相處。

在耶誕節期間和其他可以獲得玩具的時節裡，父母應該格外留意送給孩子的玩具和遊戲類型。他們應該避開選擇武器和戰爭遊戲，也應該跳過那些崇拜戰爭英雄和戰爭事蹟的書籍。

關於如何挑選合適的玩具能探討的範圍很廣，但是基本原則其實就是——**我們應該挑選有助於刺激兒童合作意識、有益建設未來職業的類型**。我們一定能理解，那些讓兒童親自動手的遊戲，會比現成的洋娃娃或狗狗玩具更有價值。在此順帶一提，我們應該要教導孩子「不要將動物視為玩具或遊戲，而是人類的同伴」。他不應該害怕動物，但也不應該驅使或虐待牠們。只要兒童表現出虐待動物的行為，可能就要懷疑是否孩子渴望支配並霸凌比自己弱小的對象。如果家中有小動物——小鳥、小狗和小貓之類——大人就應該教導兒童要視牠們為活生生的生物，和人類一樣有感覺、會疼痛。或許，和動物保持合適的友誼可以視為進入社會、和他人展開合作的準備階段。

兒童的生活環境中總是會接觸到親朋好友。首先就是祖父母，我們必須客觀考慮他們的困境和處境。在我們的文化中，祖父母的地位帶有些許悲劇色彩。當人們長大，原本應該要拓展自己的生活空間，也應該擁有更多日常活動和興趣愛好；但

是，我們的社會卻恰恰相反。長者感覺自己被社會拋棄、被放逐到社會的角落。這真是讓人遺憾，因為要是他們還有機會工作、奮鬥，原本是可以實現更多成就，也可以過得非常快樂。我們不應該建議年屆60歲、70歲或80歲的人從自己的事業中退休。在自己的事業上繼續努力，要比改變整個人生計畫簡單得多。但是，全歸我們這個錯誤的社會習俗所致，我們將依舊充滿活力的長者擱在一旁。我們完全不給他們繼續表現自我的機會，而這樣一來，會發生什麼事？我們錯待長者的報應，會反彈在孩子身上。祖父母被放在總是必須自清的地位——但其實他們根本無須這麼做——以便證明自己依舊很有活力、還是可以對全世界做出貢獻。為了證明自己依然有用，他們總是會出手干涉孩子的教育。他們極度寵溺孩子、試圖證明自己還是很懂得如何養兒育女，但卻會釀成災害。

我們應該避免傷害這些善良、慷慨的長者，不過與此同時，應該提供他們機會參與更多活動；應該提醒他們「兒童應該成長為獨立個體，而且不應該淪為別人的玩物」。我們更不應該在家中氣氛不對時將他們牽扯進來。要是長者和父母間有所爭執，不論誰輸誰贏，都不該將孩子捲進去。

每當研究有心理疾病個案的個人史時，我們時不時就會發現，他們都是祖母或祖父的最愛！我們當下就明白，為何他們的童年會遭遇諸多困難。祖父母的偏愛不是寵溺過頭，就是挑起其他孩子競爭與嫉妒。甚至有許多兒童會對自己說：「爺爺

最愛我了。」而且一旦他們沒有成為其他人的最愛，就會覺得受到傷害。

在親戚間，另一個影響孩子成長的重要角色是「才華出眾的堂／表兄弟姊妹」。他們可能被視為超級討厭鬼。有時候他們不只是才華出眾，外表更是英俊帥氣或貌美如花。我們馬上就可以看出，對兒童來說，老是被提醒身邊有個才華出眾或外表出色的同輩親屬，會為他帶來什麼麻煩。

倘使孩子勇氣十足、充滿社會情感，他有可能就會理解「所謂的出類拔萃不過就是接受過更完善的訓練、做足充分準備」，因此他也會尋找方法超越這些聰穎的同輩。但是，就像我們多半看到的局面一樣，若孩子相信優秀資質是上天賜予──認為那些人生來聰穎──那麼孩子就會感到自卑、認定命運待他不公。一旦有這種想法，他的整體發展就會變得遲緩。至於美麗外表，雖說是上天賜予的無誤，但是我們的文明社會也常常高估美麗外貌的價值。我們也可以從兒童的生命風格一窺這種錯誤影響──孩子很可能會因為有外表出色的同輩親屬而感到痛苦。即使經過二十年，外人依舊可以強烈感受到這名兒童對漂亮的堂表兄弟姊妹的羨慕與嫉妒。

擊退崇拜美麗的唯一之道，就是教導兒童「健康以及和同伴和諧相處的能力遠比美貌重要」。外表美麗自有價值，這項事實無可否認，而且人們也都渴望擁有一張美麗而非醜陋的臉蛋。但是在做任何理性規畫時，都不可能將某一種價值和其他

價值拆開來，也不可能將這種價值奉為最高目標，美麗外表也是如此。對理性、美好生活而言，美麗外表遠遠不夠，關於這一點，我們已經從各種類型的罪犯中不只有醜陋的惡棍，也有長相非常帥氣的男孩這個事實得到驗證。我們可以理解，這些外型出眾的男孩如何淪為罪犯——他們知道自己有亮眼的外型，以為凡事都該照著他們的想法進行。因此，他們不曾費心為人生做好充分準備。然而，在往後的日子裡，他們發現自己無法不費吹灰之力就解決問題，於是走上了阻力最小的道路。正如詩人維吉爾所說：「通往地獄是很容易的……」（Facilis descensus Averno…）

我們也應該花點篇幅談談兒童讀物的問題。我們應該提供兒童什麼樣的書籍？我們應該怎麼處理童話故事？我們應該如何為他們讀《聖經》這類書籍？在此，我們要強調的重點是：**人們大都忽略一項事實，那就是兒童理解事物的角度和大人截然不同；我們也忽略了另一項事實，那就是每一名兒童會依據自己的獨特興趣，來領略其中的重點。**如果兒童本身膽小羞怯，他會在《聖經》和童話故事中找到認同自己怯懦性格的例子，讓他總是一看到危險就卻步不前。童話故事和《聖經》中的某些段落必定需要大人加以評論、解釋，這樣一來兒童才能

領略箇中意涵，而非由孩子的主觀幻想來主宰。

　　兒童當然喜歡童話故事，就連大人也可以從中獲益良多。不過我們必須糾正關於童話故事的一個重點，那就是「童話故事的時間和地點與現代時空有很大的距離」。鮮少有兒童可以理解不同時代和不同文化的差異。他們閱讀的童話故事其實是在完全不同的年代所創作，而且這些故事完全沒有將不同的個人觀點納入考慮。童話故事裡永遠有王子，他總是被稱讚，且永遠被描述成人見人愛。這類描述當然是純屬虛構，但是對於需要偶像崇拜的時代來說，這些虛構的理想形象是必要的。我們應該要告知兒童這些真相。他們應該要明白，童話與魔法其實是虛幻的；否則在成長的過程中，很可能在遇到困難時，都會尋找毫不費力的捷徑。就像一名12歲男孩被問到未來想做什麼時，他回答：「我想當魔法師。」

　　只要適當的解釋，童話故事也能是一套有用的工具，在兒童心中植入合作的意識並拓展他們的視野。至於電影，帶著1歲兒童去看電影或許不會造成什麼危害，但是年紀超過1歲的兒童總是會誤解電影的意義，甚至常常誤解童話故事的內容。有4歲孩子在戲院裡看到了某齣童話，多年後他依舊相信，世界上真的有女性會到處兜售毒蘋果。許多兒童無法正確理解戲劇與故事的主旨，或是會做出一概而論的結語。這時候父母就應該解釋，直到確保兒童都能正確理解。

　　可以完全避免兒童接觸的外部影響力，就是「讀報」。新

聞報紙是寫給成人的，並不具備兒童的觀點。當然，有些針對兒童編製的特殊報紙確實是適合兒童的好讀物；不過就一般的報紙來說，多半是對毫無準備的兒童放送扭曲的生活畫面。兒童會因此相信，我們的生活充斥著謀殺、犯罪和各種意外事故。事故報導格外摧殘幼童心智。我們可以從成年人的談話中得知，他們從兒童時期就非常害怕火災，而且這份恐懼如何長期且緊緊的糾纏著他們的心靈。

上述例子不過說明了在教育兒童時，父母與教育者必須考量的一小部分外部影響力。然而，這卻是最重要的部分，並且闡明了影響兒童心理健康的一般性原理。個體心理學家必須不厭其煩的堅持「社會興趣」（social interest）和「勇氣」這兩種口號，而這兩種口號同樣適用其他領域。

Chapter 12

如何面對孩子的
青春期與性教育

圖書館都可以找到專門討論青春期的書籍。這的確是重要的議題，但與一般人所想的不同。每個人經歷的青春期不完全相同：我們在同一個班級裡面發現不同類型的青春期兒童——努力型、笨拙型、衣著整齊型、全身骯髒型等等。我們還發現，也有長相、行為都像青少年的成年人甚至老年人。從個體心理學的觀點來看，這一點不足為奇，它不過意味著這些成年人在某個人生階段就停止成長。事實上，個體心理學認為青春期只是成長過程的一個階段，而且是所有人都必須經歷的時期。**我們不相信，任何發展階段或是任何情境足以改變一個人。只不過，它確實扮演類似「試驗」的角色，就好比全新的環境，可以引出兒童過去形塑的性格特徵。**

舉例來說，兒童從小就被嚴格管教、監護，在童年時期沒

有享受到什麼權力，也鮮少有機會表達自己想要什麼。在青春期這個生理和心理都快速發展的階段，這類兒童會表現得像是脫韁野馬般快速成長，人格也會進一步發展。另一方面，有些兒童會開始停下發展腳步、頻頻回顧過去，但這樣做卻讓他們無法找到當下成長的正確道路。他們對生活興趣缺缺，變得非常內斂保守。就這些兒童案例來說，這是一種徵兆，顯示他們並沒有在青春期釋放童年被壓抑的能量，反而顯示過去受寵愛的童年生活，剝奪了應該為未來所做的適當準備。

當進入青春期，解讀兒童的生命風格將遠比以往階段容易。當然，箇中原因是青春期比童年期更接近當前的生活。我們現在可以更清楚看到，他如何看待科學；我們可以看到，他能否輕易結交朋友；能否成為一個關心社會、關心他人的人。

有時候這種社會興趣遠非無感，甚至採用誇張的形式呈現，我們也交手過那種心理失去平衡，一心想要為別人犧牲生命的青少年。他們反倒都抱持太強烈的社會興趣，這一點也可能證明，這是他們人生發展的障礙。我們知道，如果某人真心對他人感興趣，也想要與他人合作、追求共同目標，就必須先把自己打點好。他必須「有料」才能奉獻——如果這裡所說的奉獻，代表奉獻任何事物。

另一方面，我們看到許多介於14歲至20歲的青年都自認為對社會毫無興趣。他們從14歲起就沒有繼續升學，和所有老朋友都失去聯繫；但是日後又得花上好長一段時間來建立全

新的人際關係。在這段期間，他們會覺得全然孤立。

接下來就是職業問題。在此，青春期的影響再次顯現。它會彰顯出一個人生命風格形塑出的職業態度。我們會發現，某些青年變得十分獨立，而且進入職場後表現出色、顯現出自己踏上正確的發展道路；然而，其他人會在這個階段喊停、會找不到適合自己的職業。他們會永遠都在變動——要不是工作換個不停，就是學校換個沒完。再不然，他們會整日遊手好閒，或是完全不想工作。

這些問題都不是在青春期才孕育出來，只不過在這段時期清晰的浮出水面——它們早已蓄勢待發。如果確實理解一名特定兒童，就可以預料到當這個孩子進入青春期，且一旦有機會可以更獨立的表現自我，而不是像童年時期一樣被管教、管束和嚴格限制時，他將會有何作為。

我們轉向人生的第三道基本問題——愛情和婚姻。青少年如何回答這個問題，可能會揭露出他自身人格的哪些面向？再次聲明，青春期之前大多看不出什麼端倪，唯獨這個時期的心理活動比較強烈，因此答案也遠比以往更鮮明。我們會發現，有些青少年對自己應該如何表現有十足把握。他們看待愛情這個問題若非過度浪漫，就是非常有勇氣。無論如何，他們都找到正確接觸異性的行為模式。

也有一些青少年落在另一個極端，他們一遇到性問題就變得極度害羞。既然這個時期他們都更接近當今的生活，因此也

可以說，他們顯露出自己準備程度不足。從青春期萃取出這些有關人格的指標，讓我們有能力針對他們未來的人生作為做出可靠判斷。若想改變他們的未來，就要知道現在應該做些什麼。

如果青少年表現出非常抗拒異性的行為，一旦回溯他的生活經歷將會發現，他小時候可能是好鬥類型的兒童。或許因為家中兄弟姊妹受到父母偏愛，讓他感覺非常沮喪。結果是，他相信自己必須大步向前、傲慢自大，並且拒絕一切感情。因此，他看待性的態度，是童年經歷的一種反射。

我們經常發現青少年渴望離家。這有可能是因為他從來不滿意自己的家庭環境和條件，因此看到第一個和家庭斷絕關係的機會就心癢難耐。他不再想要任何家庭支援——雖然對兒童和父母來說，繼續提供支援都是最妥善的安排；否則，一旦兒童犯了錯，得不到父母的幫忙就會成為他用來解釋失敗的推託之辭。

在依舊留在家中的孩子身上，儘管沒有那麼強烈，我們依然會看到一股離家的渴望。他們會利用每一次的機會留在外頭過夜。當然，對他們來說，晚上出門找樂子肯定比靜靜待在家裡更有吸引力；它同時也是對家庭環境的無聲指控，更可說是一個徵兆，表示兒童待在家裡不自由，因為總是被管束、管控。他從來就沒有機會表達自我、找出自己的錯誤。青春期正是開始朝這個方向發展的危險時期。

許多兒童進入青春期後，也會突然更敏銳的感受到不被讚賞的失落感。或許他們以前在校念書時都是模範學生，教師總是誇獎他們；後來他們突然轉到新學校、換到新環境或是有了新工作。接下來，我們也都聽過，在校表現最優異的學生進入青春期以後不必然會名列前茅。他們看起來似乎改變了，但實際上沒有什麼變化，只是舊情境不曾像新環境一樣，真實顯示出他們的性格。

由此可見，**預防青春期兒童出狀況的妥善措施之一，就是培養友誼。兒童應該要和他人成為好朋友、好同伴，不只和家庭成員如此，和家庭以外的人也要和諧相處**。家庭成員之間必須互相信任，兒童應該要信任自己的父母親和教師。事實上到了青春期，只有受到孩子信任的家長和教師，才有能力繼續引導孩子，讓孩子成為負責任、有同情心的成人。除此之外，其他類型的父母或教師都會立刻被進入青春期的孩子排除在外；孩子不會再對他們寄予信任，反而可能把他們當成純粹的局外人甚至是敵人。

就女孩來說，我們會發現，進入青春期的女孩會開始討厭女性角色，還會力圖模仿男孩。當然，模仿青春期男孩的惡習——抽菸、喝酒和結盟組派——遠比模仿勤勞工作的美德更容易；同時，女孩都會提出藉口，說：假使她們不有樣學樣，男孩對她們就不感興趣。

分析青春期女孩欽羨男性的行為就會發現，這些女孩打從

很小的時候，就不喜歡自己的女性身分。然而，她的厭惡長期被掩蓋，唯有到了青春期才清楚表露出來。這就是為什麼我們必須觀察女孩在青春期的行為，我們在此時才能找出，她們會如何看待自己未來所擔任的性別角色。

到了這個年紀，男孩喜歡扮演十分睿智、非常勇敢且自信滿滿的男性角色；然而另一種類型的男孩，則是很害怕面對自己的問題，也不相信自己可以成為真正、完整的男人。如果在他們的男性角色教育中有任何失誤，青春期便會讓它們現出原形。這些男孩會表現得女性化、喜歡表現得像個女孩，甚至會模仿女孩的不良行為——好比賣弄風情、搔首弄姿等等。

除了這些極端女性化的男孩，我們還可能發現，也有男孩儘管有著典型的男孩子氣，但這些傾向卻可能會讓他們發展出極端的惡習。他們會縱飲、縱欲，甚至只是為了展示自己的男子氣概就開始犯罪。這類極端的惡習會出現在想要成為優勝者、想要成為領導者，還有想要震懾周遭同伴的男孩身上。

然而，儘管這類男孩逞強裝勇、企圖心旺盛，但內心往往有一股隱密的怯懦傾向。我們可以列舉最近在美國看到臭名遠播的例子，像是：希克曼（William Edward Hickman）[12]、李奧波

12　編注：希克曼於1927年在美國洛杉磯綁架並分屍了銀行員派克（Perry Parker）的12歲女兒，《洛杉磯時報》（ *Los Angeles Times* ）甚至稱該案件是「1920年代最可怕的罪行」。希克曼曾經在派克的銀行工作，因竊盜與偽造文書遭到資遣並留下前科。檢察官推論希克曼是為了報復派克害自己丟了工作，才會計畫綁架殺人。

德（Nathan Freudenthal Leopold, Jr.）和勒伯（Richard A. Loeb）[13] 這些類型。如果檢視這些人的職業就會發現，他們都在為輕鬆過生活做準備，永遠只想走一條容易成功的捷徑。這些類型雖然主動活躍，但稱不上勇敢——而這樣的特質正好是罪犯的特質。

我們常常發現，青春期會出現第一次毆打父母的行為。如果沒有挖出隱藏在這種行為背後的統一性，往往會認為是這些兒童突然性情大變。但是，若我們研究這個孩子過去所發生的事就會明白，他們的性格前後一致，只是他現在掌握了更多力量，也有更多機會採取行動。

另一個考量點是，進入這個階段的每一位兒童都感受到自己正面臨一場考驗——感覺有必要證明自己再也不是小孩。當然這種感受不值得相信，因為每當我們覺得有必要證明什麼事，就有可能做得太過火。正因如此，兒童也可能誤入歧途太深。

這確實就是青春期兒童最顯著的症狀。**緩解這些症狀的方式，就是向青少年解釋：他不需要說服我們「他們再也不是孩子」，我們也無須看到證明。**當我們這樣告訴青少年，就有可能避免上述提到的誇張且極端的行為。

在女孩當中，我們經常會發現誇大性關係，因此變成大家

13　編注：李奧波德與勒伯都是芝加哥大學的高材生，他們在1924年共謀殺害了勒伯14歲的表弟，只為了用「駭人聽聞的完美犯罪」來引起公眾注意。

口中的「花痴」（boy-crazy）類型。這些女孩總是動不動就和母親爭吵，永遠都認為自己被壓制（但或許她們真的被壓制了）；她們會和自己遇到的任何男性交往，只是為了激怒母親。她們知道，母親發現自己的行為之後會感到很痛苦，光是這一點就讓她們很開心。許多青春期女孩第一次與男性發生性關係，就是在和母親大吵一架，或是反抗父親管教過度嚴厲而離家出走時。

諷刺的是，父母嚴厲管教就是希望她們成為好女孩，但最後她們卻反而成為了壞女孩，而這樣的結局，是因為父母缺乏心理洞察力。這類個案的錯誤不在於女孩本身，責任在父母，因為他們沒有協助女孩為將來必定會遇到的情況做好準備。女孩進入青春期之前，父母太過保護她們，結果是未能培養出她們的判斷力和自立能力，而這些都是在面對青春期誘惑時所需要的能力。

有時候困難不是在青春期冒出來，而是在青春期結束之後，也就是婚姻中。然而基本原則都一樣。只能說因為這些女孩比較幸運，沒有在青春期遇到對她們不利的情況。不過不利情況遲早都會發生，因此有必要讓女孩預作準備。

我們也許可以引用一個具體範例說明青少女的問題：

個案 渴望被照顧、被欣賞的15歲女孩

範例主角是15歲的女孩，出身十分貧困的家庭。不幸的是，

她有個長期生病的哥哥，母親必須親自照料。女孩在很小的時候就注意到，母親對兄妹倆的關注度天差地別；讓情況更複雜的事實是，在她出生時父親也生病了，因此母親必須同時照顧哥哥和父親。眼前有兩個實例，因此女孩更加體會到被照顧、被關注的意義。她心中強烈渴望被別人照顧、被欣賞。她無法在家裡得到這種照顧和欣賞，特別是沒過多久小妹就出生了，剝奪了她僅有的一絲關注。現在，就像命運安排，小妹出生之際，父親也痊癒了，結果小妹得到的關注比她自己在嬰兒時期時還要多。全天下的兒童都會注意到這些事。

女孩決定要好好念書，彌補自己無法在家裡得到關注的缺憾。她因此成為全班功課最好的學生，由於她的成績太優異，教師建議她繼續升上中學。只是，當她進入中學後，情況生變了。她在中學的成績並不是太好，因為新教師不清楚女孩的狀況，也不特別欣賞她。就女孩的立場：儘管自己極度渴望被欣賞，但現在卻是家裡、學校兩頭空。她必須想辦法從別的地方找到願意欣賞她的人。於是，她就此離去，找到一個願意欣賞她的男人。她和這個男人一起生活了兩個星期，然後他就厭倦她了。我們可以預料到接下來會發生什麼事：她會發現，這不是她想要的欣賞。與此同時，全家人都十分擔心她，開始到處找她。突然有一天，他們收到了女孩的來信，上頭寫著：「我已經服毒了。不用擔心我——我很幸福。」就在她追求幸福和欣賞失敗後，自殺顯然成為她的下一道想法。儘管如此，她還是

沒有自殺；她只是拿自殺當作嚇唬人的手段，以求父母原諒。她繼續在街上遊蕩，直到母親找到她、把她帶回家。

如果這個女孩跟我們一樣明白，自己的整體人生都是受到「追求外界欣賞」所支配，那麼可能就不會發生後續這些事情。還有，倘使中學教師知道這名女孩一向學習良好、成績優異，她需要的只是一定程度的欣賞和認可，那麼悲劇可能也不會發生。在這一連串事件的任何一個時間點上適時伸出手，都可能阻止她踏上自我毀滅之路。

這起個案引出性教育的議題。近年來，性教育已經被過分誇大到可怕的地步。且容我們這樣說，性教育這門課題已經讓許多人失心瘋。他們主張「任何年齡的族群都可以進行性教育」，並因此到處宣揚性無知反而會帶來危險。不過，如果回顧自己和別人接受過的性教育，根本看不到他們所謂的巨大困難，也看不到他們自行想像的重重危險。

個體心理學傳授的經驗是，我們應該在兒童兩歲時讓他們知道自己是男孩或女孩，也應該在當下解釋，他們所屬的性別永遠不會改變，因此男孩長大會變成男人，女孩則會變成女人。如果我們善盡責任，就算是缺乏其他知識也不至於太危險。若讓兒童清楚認知：女孩將不會接受男孩那樣的教育，男孩也不會接受女孩那樣的教育；這樣一來，性別角色將會在他們腦中定型，他們也必然以正常的方式發展，並為自己的性別

角色做好準備。然而，假使他們相信，只要某種技術就能改變性別，肯定會為他帶來麻煩；而且，如果父母也總是表達出想要改變兒女性別的意願，將會惹禍上身。在《寂寞之井》（The Well of Loneliness）[14] 這本書中，作者針對上述問題和麻煩有精采的文學描述。父母太常喜歡把女孩當成男孩教育，或是將男孩當成女孩教育，他們會替兒女穿上異性的服裝，然後為他們拍照。有時候也會出現女孩長得像男孩的情況，這時候周遭人士可能就會以「小男孩」之類的方式稱呼她。這種做法有可能會讓女孩產生巨大的困惑，但是這種情形其實可以完全避免。

我們也應該避免任何貶抑女性、強調男孩優越的性別相關討論，而是應該讓孩子們理解男女都具有價值。這個觀點很重要，不只是為了預防有些被貶低的女性產生自卑情結，也可以預防這種男尊女卑的觀點對男孩造成不良影響。如果男孩沒有被教導男性比較優越的觀念，就不會看輕女孩，也不會只當她們是洩欲的對象。如果男孩明白自己未來的任務，也不會用醜惡的眼光看待兩性關係。

換句話說，**性教育真正的問題，不僅僅是對兒童解釋生理的性關係，還牽涉到為孩子做好準備以培養正確的愛情觀和婚姻觀**。這部分和社會調適密切相關。如果某個人的社會調適不佳，就會一天到晚拿性來開玩笑，更會完全以自我放縱的角度

14　編注：1928年出版，描寫一對女同性戀情侶苦苦爭取社會接受的故事。

來看待事情。這種情形太常發生了，可以說反映了我們的文化缺陷。女性在其中吃了很多苦頭，因為在我們的文化中，男性比較容易扮演主導者的角色。不過男性也有他們的痛苦——這種虛假的優越感，讓他們從此喪失最基本的價值觀。

至於生理方面的性教育，兒童沒有必要在非常早期的人生階段就接受這種教育。**我們可以等到兒童自己產生好奇心、等到他們想要明白某些事情的時候再來討論。**如果孩子太害羞、問不出口，關心孩子的父母也會知道何時才是開啟相關話題的好時機。如果孩子覺得父母親是值得傾訴的朋友，他就會提問，屆時父母就必須以孩子可以理解的方式回答。我們必須避免給出可能刺激兒童性慾的答案。

關於這方面，我們可以說：就算兒童過早表現出明顯的性本能，也沒有必要大驚小怪。性發育很早就開始，事實上可以說是出生後幾個星期就展開。可以肯定的是，嬰兒自己就會體驗到性慾帶來的樂趣，有時候他們還會刻意尋求刺激身體的性感帶。要是看到某些麻煩似乎有開始的徵兆，我們不應該驚惶失措，應該盡最大努力阻止這類事情繼續發生，但不要過度看重這個問題。如果兒童發現我們對這類事情憂心忡忡，就會故技重施，好吸引我們的注意力。這類行為會讓我們誤以為他被性衝動所害，但事實上他只是將這個習慣當作炫耀工具。一般來說，年幼的孩子會試圖用玩弄自己的生殖器官，進而博取父母親關注，因為他們知道父母親害怕他們這樣做。這種心理機

制和兒童裝病很類似，因為他們已經留意到，每當自己生病，就會得到更多寵愛和重視。

我們不應該看到兒童就不斷親或抱，讓他們的身體受到太多刺激。對兒童來說，其實這些行為很不舒服，特別是進入青春期以後。兒童也不應該在精神層面受到性議題強烈刺激。兒童也實在太常在父親的書房中發現一些輕浮的圖片。我們總是時不時會在心理診所聽到這些狀況。兒童不應該被允許接觸那些超出他們年齡且與性事相關的書籍；也不應該被帶去看探索性主題的影視節目。

如果可以避免過早性刺激，就完全不需要擔心害怕，只需要在適當時機言簡意賅的回答兒童提出的問題，而且絕對不要刺激兒童，只採用真實、簡單的方式給予答案。最重要的是，如果想要維持孩子的信任感，絕對不能向他們撒謊。**如果孩子信任父母，就會對同儕說的話大打折扣，並且相信父母的解釋──90%的人都是從同儕口中聽到性知識。**這類合作關係、這類如朋友般的情誼，遠比父母為了解決性問題所給出的各種推託之詞更重要。

若是太頻繁或是在太早的階段就體驗到性，往後的人生通常會對性興趣缺缺，而這就是為什麼要避免讓兒童看到父母做愛的原因。若有辦法，父母和孩子不該睡在同一間房間，且更不該睡在同一張床上。還有，兄弟和姊妹也不應該睡在同一間房間。父母必須密切關注孩子的行為舉止是否合宜，也應該提

防外部影響。

這些評論概括了性教育中最重要的面向。我們看到，如同其他方面的教育，**家庭內部的合作意識和友善程度，在性教育中也發揮著重要作用。當兒童具備合作意識，也提早認識性別角色以及男女平等的觀念，就可以做好充分準備，應付未來可能遭遇的任何危險。**最重要的是，他也做好充分準備，採取健康的心態迎向未來的工作。

Chapter *13*

用理解的眼光
來看待問題兒童

教育的過程中，父母或教師絕不容許自己被幾件事打敗——教育和努力就算沒有獲得立即的成功，也絕對不要感到絕望；兒童表現出一臉委靡不振、冷漠淡然或極度被動，也絕對不預測他們會失敗；更不允許自己被兒童到底有沒有天賦這種迷信所左右。**個體心理學認為，應該努力賦予所有兒童更大的勇氣、更強的自信；應該教育他們困難不是不可跨越，且必須面對並征服，進而激勵他們心智能力。**雖說付出努力不必然成功，但是許多成功個案，還是足以彌補那些沒有輝煌成果的個案。以下是證實我們努力便能成功的有趣個案：

個案 學業成績差勁、懶惰而不專心的12歲男孩

這是一位12歲男孩的個案，正就讀小學六年級。他的學業

成績很差，但他本人倒是完全不受影響。他過去的遭遇十分不幸，因為佝僂病而不良於行，直到3歲才學會走路。快要4歲時，他只會說幾個字。男孩4歲時，母親帶他求助兒童心理醫生，但對方告訴她，這種病無藥可醫。然而，母親完全不相信醫生所說，因此把兒子送去兒童指導機構。在那裡，男孩發育得很緩慢，也沒有得到太多幫助。到了6歲，大人們決定男孩可以去上學。入學後一、兩年間，他在家中接受額外輔導，因此可以通過學校考試。而他也設法念完了三、四年級。

男孩在校和在家中的表現如以下所述：他在學校時會設法表現出非常懶惰的樣子，好引人注目；他抱怨自己似乎沒有辦法專注，也無法專心聽課。他和學校同學都處不來，總是被嘲笑，也總是表現出比別人虛弱的樣子。在所有同學中，他只交到一名朋友，他很喜歡對方，兩人也經常一起散步。他發現，自己很討厭其他同學，因此無法和大家好好相處。教師抱怨這名男孩的算術太差，寫作也不好。儘管如此，教師依然相信，這名男孩有能力做到和其他學生一樣好。

按照男孩過去的紀錄，以及他已經可以做好的事情來看，顯然他過去接受的療法，都是以錯誤診斷結果為基礎。我們眼前看到的景象是：一名深受強烈自卑感驅使的男孩——簡言之，他懷抱自卑情結。這名男孩上頭有一名出類拔萃的哥哥，父母總是說哥哥根本不用念書就有能力進入高中。父母都喜歡

說，自己的孩子根本不用念什麼書；因此孩子也喜歡跟著吹噓自誇。很明顯，「不需要努力念書就能學會」是不可能的。或許哥哥是透過在課堂上集中注意力專心聽講，並且用心留意自己在學校的所見所聞，來學習所有課業。若孩子在學校不專心，就得在家裡多下點苦工。

這對兄弟的差異如此巨大！因此男孩被迫生活在龐大的壓力之下，覺得比不上哥哥，也覺得比哥哥更沒有價值。而且每當母親生他的氣時，很有可能經常說他是傻瓜或是白痴——也有可能從哥哥口中聽到。母親說，只要男孩不服從年長的哥哥，就經常被對方拳打腳踢。因此我們做出結論：這個人認為自己的價值比不上其他人。生活似乎也印證了他的想法：學校同學嘲笑他、學業成績一蹋糊塗，他也說自己總是無法專心。每一道困難都讓他心驚膽跳。他的教師老是評論，說他根本不屬於這個班級或這間學校。也難怪男孩最後信以為真，認為自己絕對會掉入失敗的境況，甚至相信其他人對他的評價。當孩子如此沒有勇氣、對未來如此沒有信心，是多麼可悲的事。

我們很容易就看出，這名男孩完全失去了信心；但是這些跡象並不是出於我們開始用輕鬆愉快的方式和他聊天時，他竟然全身打顫、臉色發白，而是從一些大人應該永遠都要留意的微小徵兆中看出。當我們問他幾歲時（雖然我們已經知道他12歲），他卻回答：「11歲。」由於多數兒童都知道自己的年齡，我們不該將這個答案視為意外的失誤。我們非常確定，這

樣的錯誤存在一些根本原因。我們先考慮這名兒童的過去經歷，再回想他的回答，然後得到了一個印象——他試圖想要回到過去。男孩努力想要回到那個更年幼、虛弱，而且比現在需要更多幫助的過去。

我們可以運用已經掌握的事實，來重建男孩的人格系統。這名男孩不願意完成在該年齡層通常會獲得的任務，來尋求肯定和認可；反而相信並表現得好似自己的發育無法像別人那樣完全，也沒有能力和他人競爭。這種自我感覺落後他人的狀態，體現在他壓低了自己的年齡。也有可能他嘴上回答「11歲」，但是在某些情況下甚至表現得像是5歲幼童。他被自卑感說服，並試圖調整自己的所有行為與活動，好應驗自己確實落後他人。

這名男孩就連白天都會尿床，也無法控制排便。這些都是兒童自認為或想要相信自己仍是嬰兒的徵兆。這些徵兆證實了我們的觀點，那就是：這名男孩一心固守過去，而且如果可能的話，他想要回到過去。

男孩出生前，家裡一直有一名家庭女教師。她跟男孩非常親近，而且一有機會就試圖取代母親的地位、扮演男孩的支柱。我們現在可以進一步歸納出結論。我們已經知道這名男孩過去的生活，也知道他不喜歡早起。在描述要花多久才能把男孩從床上挖起來時，家人的臉上呈現厭惡的表情，因此我們認定這名男孩不喜歡上學。和同學處不來、老是覺得自己被壓

迫、不相信自己有能力完成任何事的男孩，不可能會想去上學。因此他不想要為了上學而早起。

然而，他的家庭女教師卻說：男孩是真心想要去上學。事實上，前一陣子他生病時，還哀求要起床去學校。其實這一點和我們的說法完全不衝突，需要回答的問題反而是：「家庭女教師怎麼會犯這種錯誤？」情況再明顯不過，也讓人想笑。當男孩生病時，他會允許自己說出想要上學這一類的請求，因為他心知肚明，家庭女教師會回答：「你不能去上學，因為你生病了。」可是男孩的家人不理解這種看似矛盾的情況，也不知道該拿這名男孩怎麼辦。我們也經常觀察到，家庭女教師沒有能力參透男孩心中的想法。

因為一件事情，男孩最終被帶來我們這裡——他偷了家庭女教師的錢去買糖果。這也顯示出他表現得像是幼童，因為拿錢去買糖果是非常幼稚的行為，只有年紀非常小的孩子，因為無法控制自己對糖果的欲望才會這麼做，而這類孩子也無法控制自己的身體功能。這種行為的心理學意涵在於：「你最好看緊我，否則我就有能力做出頑皮搗蛋的把戲。」男孩對自己毫無信心，因此試圖持續做出這類伎倆，好讓其他人都得分心來盯著他。當我們比較男孩在家和在校的情況，兩者之間的連結顯而易見。在家時，男孩可以讓其他人都關注他；在校時，就完全沒辦法。但是，誰又曾努力矯正過這名男孩的行為呢？

被帶來我們這裡之前，男孩一直都被認定是發育遲緩、自

我感覺低落的孩子；但是事實上，他完全不該被歸入這句定義。他是完全正常的孩子，只要恢復自信心，就有能力交付任何同儕可以完成的任務。他總是用悲觀的視角來看待所有事情，連向前踏一步都不肯就直接投降。他的一舉一動都體現出他缺乏自信，而教師的報告也證實了這一點：「無法專注、記憶力差、漫不經心、沒有朋友等等。」他缺乏勇氣的現象非常明顯，沒有人可以忽略，且環境也對他非常不利，就連我們都很難改變他的觀點。

　　填寫完個體心理問卷後，我們就展開諮商工作。我們不僅要和男孩商談，也必須和許多相關人士協商。首先是母親，她從很久以前就對男孩相當絕望並放棄了他，一心只想讓他繼續升學，以便將來有能力找一份餬口的工作。再來是男孩的哥哥，他總是看不起弟弟。

　　當男孩聽到這個問題：「你長大後想做什麼？」時，自然是答不上來。這一點很不尋常。當半大不小的孩子真的不知道自己想要成為什麼樣的人時，總是讓人覺得納悶。誠然，我們通常沒有從事自己在孩提時代選擇的職業，但那不是重點，至少，他們曾經受到職業理想所吸引。兒童在很小的時候，都會想要成為司機、警衛、指揮家，或是在他們稚嫩的價值觀中，看起來很有吸引力的職業。但是，**若孩子沒有任何實際的目標，就可以認為他根本沒有看向未來、只想回到過去；或者換句話說，只想逃避未來，以及所有和未來有關的問題。**

然而這一點似乎和個體心理學的一項基本主張矛盾。我們不厭其煩的談論兒童具備追求優越感的特質，也試圖證明每一名兒童都會想要表現自我、想要比他人強大、想要實現某些成就。然而，我們眼前卻突然出現這樣一位兒童——他的所作所為都和我們的主張背道而馳：這名兒童想要回到過去、想要變得渺小，還想要別人支持與幫助他。我們又該如何解釋這樣的狀況？心理活動運作沒有那麼簡單，它們有一套複雜的背景。如果試圖將複雜的個案歸結為天真幼稚，我們將會不斷走在錯誤的道路上。這些複雜的個案中不乏各種假象，企圖用辯證將事情推往完全相反的方向。就舉上述這名男孩為例好了：他表現得好似自己其實努力在往後退，這樣他才能表現出最強大的樣子，並且鞏固著最安全的地位。然而唯有完全掌握事情始末，否則只會被外在表現迷惑。事實上，這類孩子的行為是合理的——雖然是一種令人啼笑皆非的理由。在他們真的很幼小、虛弱又無助，而且無欲無求的時期，他們絕無可能像現在這樣強大或具有支配能力。現在，沒有自信的這名孩子，害怕無法實現任何成就。那麼我們還會假設「他願意面對大人對他抱以期望的未來」嗎？只要遇到能衡量他身為個體的力量和能力的任何情境，他肯定馬上逃之夭夭。他只願意生活在要求極少的情況，其他情境一概無視，因此大大限制了自己的活動範圍。採用這種角度來觀察就能理解，男孩只願意在這一小塊領域中求取認可，也就是他在更年幼、依賴他人的時刻所獲得的

認可。

　我們不僅要和男孩的教師、母親、哥哥商談，也必須和父親以及我們的其他同事聊一聊。這樣一連串的會談是非常龐大的工作，但是如果可以爭取到教師的認可，就可以省時省力。雖說並非不可能辦到，但其實沒那麼簡單。許多教師依舊緊抓著舊時的手法和信念，認為心理評估是一種反常的行徑。許多教師都害怕心理評估意味著他們失去了某種權力，或者把它想成未經許可的干涉。當然實際情況並非如此。心理學是一門科學，無法馬上學會，必須費時研究與實踐。然而，一旦有人用錯誤的觀點看待心理學，心理學對他就沒有什麼用處。

　「寬容」也是一種必要的特質，特別是對教師來說；即使心理學似乎和我們抱持的觀點相左，採取開放態度來看待新穎的心理學觀點才是明智之舉。既然目前的處境演變至此，我們也沒有權力斷然反駁教師的意見。當情況如此艱難，我們又該怎麼做？在我們的經驗中，遇到這類個案時，除了把兒童帶離當前的困境（也就是乾脆讓他轉學），沒有其他更好的辦法，且這種處理方式不會傷害到任何人。就實際情況來說，沒有人知道發生什麼事；但唯有如此，兒童才可能卸下肩頭上的重擔。他進入了全新的環境，對他來說，這裡的一切都是新的。他可以小心一些，不讓其他人把他想得很差勁，也不要讓自己被其他人看不起。究竟該怎麼做很難具體解釋，但家庭環境絕對脫不了關係。或許處理每一個案例都需要稍微變化，然而，要是

有大量精通個體心理學的優秀教師，願意用理解的眼光看待這類個案，也有能力協助在校兒童，治療這些兒童就會容易得多。

Chapter 14

教師如何與父母合作，
來再教育兒童

　　我們已經強調過好幾次，這本書是寫給父母和教師的，因為新穎心理學對孩子內心活動的洞見，都能讓他們獲益匪淺。前面的分析表示，更重要的是提供孩子適切的教育和發展，而不是「父母」或「教師」誰承擔較多。在此我們當然是指「課外的教育」（extra-curricular education），這並非正規的學校科目和課程教育，而是「人格發展」──這才是教育中最重要的部分。現在，雖說父母和教師都可以對這方面貢獻一己之力──由父母矯正學校缺失、教師導正家庭缺陷──但是事實是，在當今的大城市中、現代社會和經濟環境之下，絕大部分的責任落在了教師肩上。父母不像教師可以接受新穎的教育理念，畢竟教師的職業興趣就是教育兒童。個體心理學希望把培育兒童做好未來準備的責任，寄託在改變學校和教師之上──當然，我們絕對不會拒絕父母的合作。

　　如今，在教育工作中，教師三不五時就會和父母起衝突。

特別是，教師矯正父母先前的失敗時，衝突在所難免。某種意義上，這就像在控訴父母失職，而父母也經常有這樣的感受。在這種情形下，教師應該如何和處理親師衝突？

接下來，我們會深入探討這類問題。當然，以下建議是從教師的觀點出發，他們才需要將親師衝突當作心理問題來處理。如果父母有機會讀到這些論述，請無須感覺被冒犯，因為這些建議僅適用無知的父母，但正好就是這類父母，讓教師非得處理這類普遍現象。

許多教師認為，比起處理問題兒童，和他們的父母打交道更困難。這個事實暗示，教師必須運用智慧來處理。教師必須依據以下假設來行動：父母不必然為兒童的所有外在不良品性承擔責任，畢竟他們都不是經驗豐富的教育者，通常只能依循傳統做法指導兒女。一旦他們因為兒童的行為被請去和校方會面，只會感覺自己像是被指控的罪犯。這種情緒隱約顯示，他們確實有些許內疚意識，需要手腕最高明的教師出面處理。因此，最理想的發展就是：**遇到這類情況時，教師先試著提振家長的心情，讓他們變得友善、輕鬆一點，並且將自己置於協助者的位置，需要仰賴這些父母的良好意圖來解決問題。**

即使我們有憑有據，也絕不該責備父母。若可以成功和對方達成某種共識、說服他們改變自己的態度，而且願意按照我們的做法合作，雙方就可以做得更好。指著他們的鼻子數落教養上的過錯根本無濟於事。我們必須做的是，試圖讓他們接受

一套全新的兒童教育方式。僅告訴他們犯了那些過錯，只會惹毛對方，並且讓他們更不願意合作。通常，兒童行為惡化毫無預警，總是有許多過往導致今日結果。其實，父母前往學校的當下，已經意識到自己忽略了某些事情，但是絕對不要讓他們感受到我們也是這樣想的，也不要直接、武斷的對他們說明。對父母提出建議時絕不能採取自以為是權威的姿態，且語句應該要有「或許」、「大概」、「可能」、「或者你可以試試這個方法」。即使我們明明知道是哪一個環節出了問題、應該要怎麼矯正，也絕對不要指著父母的鼻子開罵，彷彿我們在強迫他們似的。我們都知道，不是每一位教師都能想出這麼多應對方法，也不可能一點就通。有趣的是，同樣的想法也曾經出現在美國開國元勛之一的班傑明·富蘭克林（Benjamin Franklin）自傳中。他這樣寫：

「一名貴格會（Quker）15的朋友好心告訴我，我平常看來有些自大，這種傲氣常常會在談話中流露出來——好比討論問題時，我並不滿足於自己擁有正確的觀點，還會進一步表現出武斷、無禮的態度——這位朋友還舉了一些例子為證。於是我決定盡可能努力改掉這個毛病，或說是愚蠢的習慣，因此我把『謙遜』這一項加到我的座右銘中，並且廣泛的解釋這個詞彙。

15　編注：成立於17世紀英國，為基督教新教一個派別。

「我不敢自誇已經養成這種品德，但是表面上看起來，我確實謙虛不少。我規定自己不能直接反駁他人的意見，也不能發表任何獨斷的觀點。我甚至按照我們互助學習社以前的規定，不允許自己在言談之中使用武斷的詞彙或說法，比如『當然』、『無疑』等等，改成『我猜想』、『我認為』、『我想這件事是如此』、『在我看來』等語句。

「如果別人下了某種判斷，但我認為他是錯的時，我也不再沾沾自喜的直接反駁他，並且立刻指出他論斷中的荒謬之處；而是回答：在某些例子中或某些情況下，他的意見是正確的；但是在現下，就我看來（或者我覺得）好像有些不同等等。我很快就發現，這種態度上的改變大有好處，那就是我參與的談話會進行得更愉快。這種謙虛的態度還讓我的見解更容易被他人接受，抱持反對意見的人也變少了；當有人發現我出錯時，我不再那麼羞恥；要是我恰好對了，別人也更容易聽我勸告、拋棄他們錯誤的觀點，進而採納我的意見。

「起初，我認為這種方法違背自己的自然習慣，有些難以執行；後來，卻變得非常容易、非常習慣——我推估五十年來，可能沒有人聽我說過什麼武斷的話正是這種習慣所致（還有我正直的品格）。早年，在我提議建立新制度或是改革舊制度時，民眾總是非常重視我的意見，後來成為各個公共事務委員會的成員後也頗有影響力。儘管我不善演講，也不算能言善道，而且措辭含糊，用字也不盡然準確，但人們一般都會接受我的意見。

「事實上，在我們的各種習性中，可能沒有哪一項如傲慢這麼難以克服。儘管我們極力掩藏、努力打壓、使勁消滅，它卻依然存在，還會不時出來耀武揚威一番。也許你在這本自傳裡還常常見到它，因為儘管我認為自己已經完全克服傲慢的習氣，但事實上，很可能又為自己的謙遜而感到驕傲。」

這番自省不一定適用生活中所有情況，因此既不能過度期待也不能強力要求。儘管如此，富蘭克林的態度讓我們看到，不合宜、不成功的反對態度可能的結果。沒有一項基本生活法則能套用在所有情境，每一條法則只有在效力範圍內可行，一旦越界就會失靈。肯定會有一些情況非得使用強烈措辭，然而當我們考慮到一邊是教師，另一邊是憂心忡忡的家長（他們已經感到自慚形穢，但還得做好因為兒女而抬不起頭的心理準備）；再加上考慮一旦家長不願意配合，我們什麼也做不成，顯然富蘭克林的做法是唯一能幫助孩子的手段。

在這類情況下，證明其中一方是對的，或者彰顯某一方的優越感，一點也不重要，而是必須開闢一條可以幫助兒童的道路，但是這條路自然不好走。許多父母聽不進任何建議，他們太震驚、憤怒、不耐煩，甚至懷抱敵意，因為教師將他們和兒女逼到令人不快的境地。這類父母通常會自欺欺人一段時間，渾然無視兒女犯的錯。但是，他們會突然被迫正視問題。當整起事件到了這個狀態，是最令人不悅的；然而，若教師接觸這

類家長時表現得莽莽撞撞或是過於激動，就等於失去讓父母和他站在同一線的機會，甚至把許多父母推得更遠。這些父母滿懷憤慨去會見教師，讓自己難以親近。在這類情況下，最好是由教師先表態，讓父母知道自己必須仰賴他們的協助；最好能穩定父母的情緒，直到可以好好和教師談話。**千萬別忘記，父母經常深受傳統、過時的教育方法影響，因此無法立刻突破框架。**

舉例來說，當父親老是對兒女嚴詞厲色、讓孩子失去信心時，要他十年後突然改變作風、和顏悅色的和兒女好好溝通，其實很難。在此，我們可能要提到一點，當父親突然態度大轉變，孩子一開始也不會相信這種改變是真心的，而是把它當成父親玩的把戲，會花上很長一段時間才會對這種轉變萌生信心──即使是聰穎的人也不例外。我們看過一個案例：一位中學校長多年來對兒子嚴詞批評、嘮叨不休，讓兒子幾乎要崩潰。儘管這位校長和我們談話時意識到了這一點，但是隨後回家卻又對兒子嚴厲刻薄的說教──因為兒子實在很懶惰，校長無法控制自己的脾氣。只要兒子做出讓父親不開心的事，這位校長就會大發雷霆，說出傷人的話語。如果以教育者自居的校長都會做出這種行為，我們就不難想像，那些從小就被灌輸教條主義、認為兒童犯錯都得受到鞭刑伺候的父母，又會怎麼做。教師和這類父母談話時，都得適時的使用交際手段中的每一種技巧、每一句委婉的說法。

我們不要忘記，在比較貧窮的家庭，隨處可見「揍兒女」的管教習俗。因此常常可以看見，出身這個階級的兒童被教師糾正完以後，回到家往往還得再被父母鞭打。一想到身為教育者付出的努力，總是動不動就被這些不明智的家長毀於一旦，就讓我們覺得很悲哀。在這類情況下，兒童經常只犯一次錯，卻要受到兩次處罰，但是對我們來說，一次處罰就很夠了。

我們知道，有時候成倍的處罰會帶來可怕的後果。舉例來說，假設有一名孩子必須帶著難看的成績回家。他很怕會被痛打一頓，所以沒有把成績單拿給父母看，但是他也很怕隔天上學會被教師處罰，因此就開始蹺課，或者乾脆在成績單上偽造父母的簽名。我們千萬不要忽略這些事實，也不該掉以輕心，而是必須把兒童和他周遭環境中的所有因素串聯起來。我們必須捫心自問：要是這樣做，會發生什麼事？這樣做會如何影響到這名孩子？我可以做些什麼事，且這些事必定會對他產生有益影響？這名孩子已經到了可以承擔責任的年紀嗎？他又可以從這件事學到什麼有建設性的教訓嗎？

我們知道，兒童和成人回應困難的方式有多麼不同。再教育兒童時，我們必須抱持最謹慎的態度；試圖重塑兒童的生活模式時，也必須對結果有所把握。教育、再教育兒童時，永遠都要三思而後行、客觀判斷，才能更確定自己會對孩子有什麼樣的影響。在教學工作中，實踐和勇氣不可或缺；同樣不可動搖的信念就是：無論周遭環境如何，總是可以找到預防兒童崩

潰的方法。首先，社會上仍然有許多古老但各界認同的規則，我們隨時都可以開始行動。習慣將個人視為一個整體、將單一徵兆視為整體其中一環的人，會比習慣抓住一個徵兆就根據一些僵硬思想加以治療的人，更有餘裕可以理解並協助兒童——以後者為例，就好比教師一看到兒童沒有寫功課，馬上就寫紙條向父母告狀。

　　我們正進入為兒童教育帶入新思潮、新做法和全新理解的時代。科學正在汰除老舊陳腐的陋習和傳統。我們所獲取的知識，賦予了教師更多責任；但同時，這也是一種補償，讓教師更深刻理解童年問題，也讓他藉此培養更強大能力，來幫助他親手照料的兒童。必須謹記一件重要的事情：**將單一行為抽離整體人格後再加以檢視，是毫無意義的；唯有與整體人格串聯起來研究，才談得上真正理解它。**

個體心理問卷

「個體心理問卷」由「國際個體心理學家協會」（International Society of Individual Psychologists）[16]擬定，專為理解並治療問題兒童。

Q1 從什麼時候開始，其他人對孩子有所抱怨？當問題第一次被注意到時，孩子發現自己處於什麼樣的情境（心理或其他方面）？

下列元素很重要：環境改變、開啟學校生活、家中有新成員誕生、兄弟姊妹、在學校遭遇失敗、換教師或換學校、新朋友、兒童疾病、父母離婚、再婚、父母去世。

Q2 早年出現特定問題時，是否被視為心理或生理缺陷，像是膽怯、粗心、內向、笨拙、羨慕；在吃飯、穿衣、梳洗或上床睡覺時依賴他人？這名孩子會害怕孤單或怕黑嗎？他

16　編注：二次世界大戰後更名為 International Association for Individual Psychology。

理解自己的性別角色嗎？有任何第一、第二或第三性徵嗎？他怎麼看待異性？他對自己的性別角色理解有多深入？他是繼子女嗎？還是私生子？或是養子？孤兒？養父母待他如何？雙方現在還有聯絡嗎？他有在正確的時間學會說話和走路嗎？沒有遇到任何困難嗎？長牙的時間正常嗎？在學習閱讀、畫畫、唱歌和游泳時，有任何明顯的困難嗎？他有特別依附父親、母親、祖父母，或照顧他的護士嗎？

我們必須確定孩子是否對周遭抱持敵意，也要找出他自卑感的根源；看看他是否有逃避困難的傾向，也要確認他是否表現出利己主義（egoism）和敏感的特質。

Q3 這名孩子經常惹麻煩嗎？他最害怕什麼事或什麼人？半夜會大聲哭鬧嗎？他會尿床嗎？他有支配比較弱小或比較高大兒童的欲望嗎？他會表現出想和父母同床睡覺的強烈渴望嗎？他的行動笨拙嗎？他是否罹患佝僂病？他的智力表現如何？他經常被別人嘲笑、譏諷嗎？他對自己的髮型、衣著、鞋子等方面表現出虛榮心嗎？他喜歡咬指甲或挖鼻孔嗎？他吃東西時狼吞虎嚥嗎？

若知道孩子追求優越感的勇氣有多少；更甚者，固執是否會阻止他起身行動，將會對我們深具啟發。

Q4 孩子結交朋友容易嗎？對別人和動物寬容嗎？還是說他會騷擾並作弄對方？他喜歡蒐集或是囤積東西嗎？他表現得吝嗇或貪心嗎？他喜歡領導別人嗎？他傾向孤立自己嗎？

這些問題都和兒童「與他人交往」的能力息息相關，也和他對自己信心不足的程度密切相關。

Q5 參考上述所有問題後。到目前為止，這名孩子的情況如何？他在學校的行為表現如何？他喜歡上學嗎？上學準時嗎？上學前會很興奮嗎？會匆匆忙忙趕時間嗎？他會弄丟書本、書包還是練習簿嗎？他在寫作業時、考試前都會很激動興奮嗎？他會忘記或拒絕寫回家作業嗎？他會浪費時間嗎？他很懶惰嗎？他缺乏注意力嗎？他會干擾全班上課嗎？他覺得教師怎麼樣？他對教師的態度是批判、傲慢和冷漠嗎？他會主動向同學尋求課業上的幫助，還是被動等待別人開口邀請？在體操和運動方面，他覺得自己是相對沒有天分還是根本沒有運動細胞？他很愛讀書嗎？他偏好哪一類文學讀物？

這些問題有助我們理解這名兒童為學校生活所做的準備有多充分、「上學」這個測驗的結果，以及他面對困難展現的態度。

Q6 了解關於家庭環境、家人生病、酗酒情形、犯罪傾向、精神官能症、身體衰弱、梅毒、癲癇及家庭生活水準之類的正確資訊。是否有任何家庭成員去世，還有家人去世時，這名孩子幾歲？他是否是孤兒？家裡的精神支柱是誰？他的家庭教育嚴格嗎？父母是否經常抱怨、雞蛋裡挑骨頭，或是縱容溺愛？家庭是否讓孩子害怕生活？孩子的監護情況如何？

透過孩子在家庭圈中的地位與對家庭圈的態度，我們或許可以判斷出孩子所受到的影響。

Q7 孩子在家庭中的排行是什麼？老大或老么、獨生子女、獨子、獨女？手足之間會競爭嗎？是否經常哭鬧、惡意取笑或是表現出強烈貶低其他手足的傾向？

這個問題對我們研究兒童性格，並闡明他們對待別人的態度來說很重要。

Q8 孩子是否有任何職業選擇的念頭？他怎麼看待婚姻？家中其他成員從事什麼職業？父母的婚姻生活如何？

從這個問題，我們或許可以歸納出這名孩子對未來是否有勇氣和信心。

Q9 他最喜歡哪些遊戲、故事、歷史和小說中的人物角色？他喜歡破壞其他兒童在玩的遊戲嗎？他的想像力豐富嗎？他是冷靜的思考者嗎？他會沉溺在白日夢嗎？

這些問題的參考價值，在於彰顯孩子可能喜歡在生活中扮演英雄的傾向；反之，如果兒童沒有顯露這類傾向，我們可能就會認為他缺乏自信。

Q10 最早期的記憶是什麼？做過關於飛翔、墜落、無力感、趕不上火車、焦慮，這些印象深刻或會週期性重演的夢嗎？

將這些答案串聯起來後，我們經常會發現：孩子是否傾向自我孤立、謹慎小心、野心勃勃，以及是否偏愛特定人士、鄉村生活等等。

Q11 孩子在哪一方面缺乏勇氣？他是否覺得自己被忽視？他是否樂於馬上回應別人的關注和讚美？他有哪些迷信嗎？他會逃避困難嗎？他是否什麼事都會嘗試，但最終都無法持續下去？他對自己的未來感到不確定嗎？他是否相信遺傳會帶來不良影響？他是否會因為周遭發生的事情動不動就心灰意冷？他看待人生的態度很悲觀嗎？

上述問題的答案，可以幫助我們證明這名孩子已經失去自

信心，而且正踏上錯誤的道路。

Q12 有其他的無聊把戲和不良習慣嗎？像是扮鬼臉、耍笨、幼稚、搞笑？

在這類情況下，兒童為了吸引其他人的注意而會表現出些許勇氣。

Q13 他有語言障礙嗎？他長得不好看嗎？他有先天畸形的馬蹄內翻足（club-footed）嗎？還是X型腿？O型腿？有發育不良嗎？身材異常矮胖或格外高人一等？比例不好看？他的眼睛或耳朵先天異常嗎？他的智力發展遲緩嗎？他是左撇子嗎？睡覺會打呼嗎？他非常帥氣嗎？

這些都是兒童通常會放大的缺點，而且很有可能會從此一蹶不振。對於長得太漂亮的兒童來說，我們也經常看到一項錯誤發展，那就是：他們會有一種執念，認定自己不必付出太多努力，就可以得到想要的一切。這類兒童會錯失大量為自己的未來做好準備的機會。

Q14 他是否動不動就說自己能力不足，說自己在求學、就業和人生方面都「缺少天分」？他是否有自殺的念頭？他的失敗和闖禍之間，是否有時間上的關聯？他是否太在意顯而

易見的成功？他是否卑躬屈膝、固執己見，還是叛逆？

這些問題都可以顯示出兒童極度沮喪，尤其是當孩子嘗試擺脫麻煩卻徒勞無功時會更明顯。他們的挫折有一部分來自自己付出的努力付諸東流，另一部分則是出於不理解所接觸之人。不過，孩子傾向在某個領域尋求某種滿足；為此會轉而採取更輕鬆、更容易行動的領域。也就是德語所說的「次級戰場」（Nebenkriegsschauplatz）[17]。

Q15 列舉幾項這名兒童取得成功的事蹟。

這類「積極表現」可以提供我們重要的暗示，因為兒童的興趣、愛好和準備程度有可能指向和過往截然不同的方向。

從前述問題的答案中，我們可以形塑出對這名孩子的正確看法，但是**這些問題絕不應該按照某種規則，或是公式化的依序提出來**，而是應該採用有建設性的方式適時插入談話當中。我們將會看到，雖然兒童出現這些失敗不合常理，但可以預見，也可以理解。我們對兒童解釋錯誤時，永遠都應該採取有耐心的友善口吻，不要夾帶任何威脅。

17　編注：意思是另尋比較不重要的戰場求取勝利。

五個個案紀錄分析

個案 1 不斷撒謊的15歲男孩

　　這名15歲男孩是家中獨生子，父母賣力工作，因此家境小康。他們非常關注男孩的身體健康，也確保在身體健康上他能獲得需要的一切。男孩在幼年時期過得健康且快樂。他的母親是個好女人，但是很容易哭泣。她談到兒子時顯得很吃力，且斷斷續續的。我們不太清楚男孩的父親是個什麼樣的人，但是母親形容他誠實、自信、精力充沛，而且熱愛家庭。男孩從很小的時候就很不聽話，父親的評語是：「如果我沒辦法搞定他，未來肯定出大包。」他口中的「搞定」是指為男孩樹立良好典範，但不是費事循循善誘，而是只要男孩犯錯就直接鞭打體罰。男孩從很小的時候就有反抗意識，強烈表現出想要成為一家之主的渴望——這種渴望經常出現在被寵壞的獨生子女身

上。男孩小時候就顯露出「不服從」這種顯著的傾向，而且培養出只要覺得父親不會出手，就拒絕服從的習慣。

我們先在這裡停一下，自問這名孩子會迅速發展出哪一種鮮明的性格特徵？我們一定會回答：「撒謊。」他會撒謊以便逃避父親下重手。這確實是他母親來找我們的主要原因。至今，這名孩子已經15歲，父母從來就搞不清楚他是在撒謊還是說實話。當我們深入探問便聽到以下回覆：這名孩子上過一陣子教會學校，教師也頻頻抱怨他不服從管教，而且上課時會搞破壞。舉例來說，教師根本就沒有點男孩回答問題，但他會兀自喊出答案，或是他會為了打斷講課就隨便發問，再不然就是在上課時對著同學大聲說話。他會用極度潦草的字跡寫家庭作業——除此之外，他還是個左撇子。最終，他的脫序行為實在太超過，而且他愈害怕父親的責打，就愈會說謊。父母一開始決定讓他繼續留在學校，但是沒多久就被迫辦理離校，因為就連教師也說男孩已經無可救藥。

這名男孩看起來活潑開朗，帶過他的教師都同意他的智商高人一等。他從公立小學畢業後，就必須參加中學入學考試。他的母親耐心等到他考完試，他也說自己通過了，身邊的人都為他高興，全家還為此一起遠赴鄉間過暑假，男孩也動不動就談起中學。到了開學季，男孩背起書包去上學，而且每天都會回家吃中餐。然而，有一天下午母親陪男孩走一小段路去學校，過馬路時她聽到有個人說：「那個男孩今天早晨帶我走去車站。」母親轉頭問男孩，對方的話是什麼意思，是不是代表

他當天早上沒有去上學。男孩回答，學校在上午10點就放學了，所以他才陪那個人走去火車站。母親不滿意這個解釋，回家後和父親提起這件事，而父親立刻決定第二天陪兒子去上學。隔天，在上學途中，父親不斷逼問才聽到真相，原來男孩根本就沒有通過升學考試，也從來沒有去中學念過書。這些日子以來，他每天都在街上閒晃。

父母為男孩請了一位家教，最終他通過了升學考試，只不過行為依舊沒有改善，他還是會打斷上課進度，然後有一天，他開始偷東西。男孩從母親那裡偷了一些錢卻打死不承認，非得聽到要送警局法辦時才願意招認。現在，擺在我們面前的個案是一個嚴重遭到漠視的悲傷故事。曾經自豪可以把兒子治得服服貼貼的父親，如今對他不抱一點希望。他們處罰男孩的方式就是不再理他——沒有人會跟他說話，也沒有人會關注他。父母宣告，再也不打他了。

我們詢問母親：「從什麼時候開始，其他人對男孩有所抱怨？」她回答：「一出生就有了。」每當我們聽到類似的答案就會假設，母親想要暗示，男孩天生就品行不良。因為他的父母試過一切辦法想要把他拉回正途，但從來沒有成功。

> 男孩在嬰兒時期就非常容易躁動不安，日夜哭個不停。但是，醫師都說他很正常、很健康。

事情並沒有表面上看起來那麼簡單。事實上，襁褓中的嬰兒啼哭沒有什麼特別之處。嬰兒哭泣的原因有很多，特別是媽媽第一次生產、經驗不足。嬰兒大哭通常是因為尿布溼了，但是母親不一定會發現。而男孩大哭時，母親做了什麼事？她把孩子抱在懷中輕輕搖晃，然後給他喝點東西。其實，她應該找出孩子啼哭的真正原因，讓孩子身體感到舒服，接著就不應該再特別理會他。這樣孩子才會停止大哭，才不會到現在還遺留著不好的影響。

　　母親說，男孩在正常的年紀就毫無障礙的學會說話和走路，牙齒發育也很正常。他有個習慣是每次一拿到別人給他的玩具，就立刻破壞它。我們經常發現，這類行為不必然代表他天性惡劣。值得注意的地方其實是母親說的這句話：「根本不可能讓他靜下心來、專心做一件事。」在此我們必須先提出一個問題：母親應該怎麼訓練兒童自己玩耍？只有一種方法可行，那就是：必須在沒有大人一再打擾的情況下，孩子才能全神貫注。我們懷疑，這位母親並沒有做到這一點，而且某些評語也暗示了這一點；舉例來說，男孩總是對母親提出一大堆要求，也總是纏著她不放等等。我們在此看到的是：這是男孩為了誘使母親寵愛自己所做的初步嘗試，這也成為了他心上最早的銘記。

> 孩子從來沒有獨處過。

母親這樣說，顯然是想為自己辯解。

> 男孩從來沒有獨處過，直到今天他也不喜歡被單獨晾
> 在一邊——即使只有一個小時。傍晚時分他從來都不
> 是獨自一人，而且整個晚上也從來不是孤單一人。

這就是這名男孩和母親緊黏在一起，以及他總是死纏著母
親不放的證明。

> 他從來沒有害怕過，直到今天也不知道恐懼為何物。

這是一句挑戰心理學常識的論述，因為它違背了我們的發
現。進一步檢視真相讓我們歸納出結論：這名男孩從來沒有被
單獨留下、獨處過；因此對他來說，根本沒有必要害怕，對這
類兒童來說，恐懼其實是一種迫使他人和他們待在一起的手
段。只要被單獨留下，他就會祭出這項手段，如此一來就沒有
什麼事情可以讓他害怕了。現在，我們要提出另一套看似自相
矛盾的論述。

> 他極度害怕父親的鞭打。（所以他還是會害怕嗎？）不
> 過，被修理過後很快就忘了，即使有時候父親下手太
> 重，他還是馬上又活力十足。

在此，我們看到讓人遺憾的對比：母親處處遷就；父親嚴

屬苛刻，一心想要矯正母親的溫柔，也因此父親的嚴厲反而愈將孩子推向母親那一方。也就是說，孩子轉向溺愛他的人、那個可以予取予求的人。

男孩6歲時進了教會學校，受到神職人員監護，從那個時候起，開始出現針對他活潑好動、躁動不安和缺乏注意力的抱怨。這些抱怨都圍繞在男孩的日常行為而非學校作業，而其中最引人注意的就是躁動不安。當一名孩子想要吸引他人的注意力，有什麼比動個不停更管用的做法？這名男孩想要被注意。他已經養成吸引母親注意的習慣，現在他進了更大的活動圈，便想要在學校這個更大的活動圈中吸引更多新成員關注。一旦教師不理解這名孩子的目的，就只會把他單獨挑出來責罵或訓斥，試圖矯正他的行為，反而符合了男孩的期待。為了尋求更多關注，男孩就必須付出沉重的代價，但他早就習以為常。他在家被修理的次數夠多了，所以依然故我。我們能否假設，倘若學校採取比較溫和的懲罰方式，或許可以打破這個惡性循環？這不太可能發生。當男孩帶著一種紆尊降貴的姿態進了學校，他只想成為眾人的焦點，以作為心理補償。

父母清楚告訴男孩，保持安靜才是對班上好，試圖改善他的行為。聽到這種老掉牙的訓誡，旁人會有點懷疑這對家長的常識不足。男孩和大人一樣知道是非對錯，然而他的心神完全被另一道問題占據了——他想要獲得注意力，而安靜根本無法獲得他人的注意力；就算認真求學，也不容易達到這個目的。一意識到男孩為自己設定的任務，他的行為舉止對我們來說就

明朗了。顯然，每當父親帶著藤條現身，男孩就會乖乖安分一段時間；但是母親坦承，父親前腳一走，男孩就故態復萌。他只是將鞭打和懲罰視為邁向成功路上的短暫阻礙，但無論什麼手段，都無法有持久的效果。

> 但是他總是無法克制自己的脾氣。

想要爭取他人注意力的兒童，顯然必須亂發脾氣才能達成目的。我們發現，通常人們口中的發脾氣，不過是在達成目標的過程中使用的便捷手段，可說是由目標決定的行動模式。舉例來說，如果一個人想要靜靜的躺在沙發上，就不需要醞釀耍脾氣。亂發脾氣變成了可疑的跡象，隱約透露某人心中的盤算——就我們的個案來說，它讓他引人注目。

> 他養成了把家裡的各種物件帶去學校換成現金的習慣，然後拿這些錢和同學一起找樂子。父母發現這種情況後，都會在他每天出門上學前搜身。最終，他放棄了這套把戲，轉向捉弄同學以及擾亂課堂。唯有父親出手嚴懲，才能使他改變。

我們可以理解為什麼他要捉弄同學——就是想要別人注意他、強迫教師處罰他，好讓自己表現出勇於挑戰學校制度的優越感。

他製造混亂的行為愈來愈少，但還是會定期發作，最終被學校開除。

這一點證實我們先前提出的觀點。這名男孩努力尋求他人認同，自然會遇到困難並因此意識到這一點。此外，一旦將他是左撇子的情況納入考量，就可以更深入洞察他的內心。我們可以推斷出，雖然男孩想避開困難，卻總是會自找麻煩，但又缺乏克服的信心。不過他愈是缺乏自信，就愈想證明自己值得關注。他並沒有停止惡作劇，直到校方再也容不下他、把他趕出校門。每當有人提出正當理由，要求學校不應該允許搗蛋鬼干擾其他學童上課，除了讓這名兒童退學確實別無他法。然而，既然我們相信教育的目的是矯正缺點，退學就不是正確做法。這樣做反而會讓兒童更容易從母親身上獲得認同，因此在學校時也就無須努力。

在此必須留意一點，在一名教師的建議下，這個男孩曾經在某段假期被送去陌生的家庭。他在那裡受到比學校更嚴格的監管，但是這個實驗一樣失敗了。他的父母依舊是主要監護人。男孩每週日回家——顯然，這件事讓他非常開心。但是當他不被允許回家，似乎也沒有鬧脾氣——這一點很容易理解。他想要扮演狠角色，也想要別人這樣看待他。男孩不把鞭打放在眼裡，也不允許自己哭泣，更別提任何有失男子氣概的行為——無論遇到多麼難以忍受的情況。

> 他的學業成績從來就不差；回到家總是有家教輔導。

我們歸納出一項結論，那就是男孩並不獨立。教師告訴父母，只要男孩學著靜下來，成績可以比現在好得多。我們相信，這名男孩有良好學習能力，因為除非智力受損，否則沒有兒童不能學習。

> 他沒有繪畫天分。

這一點很重要，我們可以從這道論述推想，男孩並沒有完全克服笨拙的右手。

> 他在體育課表現傑出；他很快就學會游泳，而且完全不怕危險。

這表示男孩並沒有完全缺乏勇氣，只不過他把這股勇氣用在一些無關緊要的事——那些他輕易就能完成，並且確定自己能夠成功的事情。

> 他完全不懂害羞為何物，儘管大人總是一再告誡他不要太張揚，但他總是想到什麼就說什麼，無論對方是學校守衛還是校長。

我們已經知道，男孩不在乎自己被禁止做這件或那件事，而我們也無法接受「他不害羞就代表有勇氣」的說法。我們知道，許多兒童都心知肚明自己和教師及校方之間已經有了一段距離。這名男孩既然不怕被父親鞭打，自然也不會害怕校長，因此為了表現出自己的重要性，講話就會肆無忌憚，而男孩也真的用這種方式達到了目的。

> 他不是很明確的意識到自己的性別，但是常常說自己不想成為女生。

沒有明確的跡象顯示他對自己的性別有何看法，但是我們總是會在這些喜愛惡作劇的男孩身上發現，他們有輕視女孩的傾向。他們就是從輕視女孩的行為中，衍生出對自己的優越感。

> 他沒有真正的朋友。

這一點完全可以理解，因為其他孩子不一定總是喜歡把領導者角色交給他。

> 父母至今都沒有對他解釋性相關的議題。他的行為總是表達出一股強烈的支配欲。

男孩知道我們得十分費力才能從他口中套出的這些事實，也就是說，他很清楚自己要什麼，但是毫無疑問他不理解自己這種潛意識的目標和行為之間的關聯；也不理解這股強烈支配欲的程度及根源。他想要支配，是因為目睹父親支配全家，而他愈想支配別人，就愈軟弱，因為他必須倚賴別人才能實現這樣的支配；被他視為榜樣的父親，反而是以自我克制的方式來實現支配。換句話說，他的野心其實餵養了他的軟弱。

> 他總是想要惹點麻煩，即使是面對比他高壯的對象也沒在怕。

　　然而，比他高壯的人顯得較為軟弱，是因為他們很認真看待自己的責任；這名男孩只顧自己，才會如此肆無忌憚。順帶一提，要根除這種肆無忌憚的作為並不容易，因為他沒有自信能學會任何事情，因此必須透過肆無忌憚的表現來掩飾欠缺的自信。

> 他不自私，反倒慷慨大方。

　　如果就此假設這是一種善良的象徵，想找出它和男孩其他性格之間的連結時會很困難。我們知道，一個人可以表現慷慨大度以便彰顯自己的優越感，所以說，找出這種慷慨的傾向和權力欲望之間的關聯，就變得很重要。男孩自認為表現得慷慨

會讓自己高人一等——他很有可能是從父親身上學到透過表現慷慨，來炫耀自我的作風。

> 他依然惹出了一大堆麻煩。他最害怕的對象先是父親，再來才是母親。他隨時做好起床的準備，也不會特別虛榮。

最後這句話是關於外在的虛榮心，因為他的內心虛榮感極度強烈。

> 他已經放棄挖鼻孔的舊習慣。他很固執、很挑食，不喜歡吃蔬菜和肥肉。他也不是完全不愛交際，但是更喜歡和那些可以任意指揮的兒童打交道，而且非常喜歡動物和花草。

喜愛動物永遠都是一個追求優越感、一股支配欲望的遠因。這種喜好當然沒有什麼壞處，畢竟它傾向與世界萬物一統。然而，我們經常在這類兒童身上看到，它體現出一股強烈的統治欲，永遠都想要讓母親注意到自己、照顧自己。

> 他徹底發揮成為領導者的強烈欲望，但顯然不是智慧領導。他養成一種蒐集物件的習慣，但缺乏足夠耐心，因此從來沒有完整收藏過什麼。

這類族群的悲劇在於，他們做事情總是虎頭蛇尾，因為他們害怕承擔完成一件事之後要負起的責任。

> 總的來說，10歲後他的行為有所改善。以前根本不可能讓他一個人待在屋子裡，因為他老是想要上街頭扮演英雄。這些改善可是耗費了大量心力換來的。

把男孩獨自限制在狹小的屋子裡，卻證明了，實際上這是滿足他心中那股強烈自我肯定欲望的最佳方式。他改成在這些空間裡做出更多調皮花樣，這一點不足為奇。只要有適當的監護，就應該讓他離開屋子、上街活動。

> 他一回家就開始寫功課，沒有想要離開屋子的欲望，不過他總是在尋找方法浪費時間。

一旦把兒童限制在狹小的範圍內，且必須在監護下活動，就一定得面對分心和浪費時間的問題。我們必須提供孩子機會活動——讓他加入其他孩子的活動，這樣就可以在同伴間扮演一定角色。

> 他以前很樂意上學。

這一點暗示，過去的教師並不嚴厲，因此，他很容易扮演英雄角色。

> 以前他總是會弄丟大多數的學校課本。他不怕考試，總是相信自己什麼都能完美達成。

在此，我們發現了一種相當普遍的特徵。若在所有情況下都能表現樂觀，事實上是這個人不信任自己。這類人士理當是悲觀主義者，但設法扭曲客觀邏輯、躲進一個夢想世界——在這裡，他們要什麼有什麼；就算在現實世界中遭遇挫敗，他們也不會大驚小怪。他們抱持著一種宿命論的觀點，藉此讓自己表現得像是樂觀主義者。

> 他無法專注的情形非常嚴重。有些教師喜歡他，也有些教師非常討厭他。

個性比較溫和的教師多半滿意他的行為舉止，因此不管他做什麼都會喜歡他。他也比較少打擾這些教師上課，因為他們不會故意出難題給他。他就像多數被寵壞的孩子一樣，既不願意專注，也不打算養成專注的習慣。直到6歲之前，男孩都不需要特別學習專注，因為母親把一切都打點得妥妥貼貼。他生活中的每一件事都已經預先排定，好似被困在牢籠中。只要一遇到困難，他就會覺得自己準備不足。他也完全沒有學到解決困難的方法，而且對別人不感興趣，更別提和他人合作。他不渴望也不具備必要的自信可以獨力完成某件事。他擁有的念頭

只是一股出人頭地的欲望——不費吹灰之力就拔得頭籌的渴望。不過他無法擾亂學校的安寧——無法爭取到他人注意——也因此讓他表現得更惡劣。

他總是想要輕鬆搞定每一件事，而且用最簡單的方法獲得每樣東西，完全無視其他人。這種心態已經成為他生活中的主旋律，並且體現在各方面的具體行為，例如偷竊和撒謊。

總結

潛藏在他的生命風格中的錯誤十分明顯。肯定的是，母親曾經提供他一些刺激，好培養出他的社會情感，但無論是母親或嚴厲的父親，都無法成功指導並確定他的進一步發展。這些情感只有被限制待在母親身邊才會展現，因為這個時候，他才會感覺到自己成為注意力的焦點。

他追求優越感的努力不再被導向對生活有意義的面向，而是個人的虛榮心。若想將他導向對生活有意義的面向，必須重塑他的性格發展。他必須先拾回信心，這樣一來他才願意傾聽我們的意見。與此同時，我們必須拓寬他的社交關係的範疇，採用這種方式好好彌補母親和這名獨生子在一起時未能善盡的責任。他必須和父親和解。這名男孩的教育必須循序漸進，直到他可以像我們一樣理解自己過往生命風格中存在的錯誤。由於他的興趣不再專注在單一個人身上，他的獨立性和勇氣就會油然而生，他將會把自己追求優越感的努力導向對生活有意義的面向。

個案2 學習效果差勁的10歲男孩

這是一名10歲小男孩個案。

> 學校抱怨他的學習效果很差，已經落後了三個學期的進度。

已經10歲卻落後三個學期，連我們都要懷疑他的心智能力不足了。

> 他現在就讀於三年級，智商（IQ）是101[18]。

因此，他不可能心智能力不足。那麼為什麼他的學習會落後呢？為何會帶壞班上風氣？我們眼前看到的是，他展現了一定的努力，也積極參與特定活動，但全都是毫無用處的面向。他想要成為有創造力、行動力的人，也想成為眾所矚目的焦點，但是全都搞錯方向。我們也可以看到他對抗學校。他是一名鬥士，也是學校之敵，因此我們理解為何他的成績低落，就一名鬥士來說，學校的常規生活很難管得住他。

> 他每次都心不甘、情不願的遵守校規。

18　編注：平均智商約在90～109分之間，得分110以上通常被認為是高智商者。

這一點非常明顯。他採取行動時會動腦筋，意思是說，他的瘋狂行徑背後有一套機制在運作。如果他是鬥士，那麼他就得抗拒命令。

他和其他男孩打架；他會帶玩具到學校。

他想要在這裡建立自己的勢力。

他的「口算」（oral arithmetic）[19] 不行。

這意味著他缺乏社會意識以及相關的社會邏輯（請參考第7章的分析）。

他有語言缺陷，因此每個星期都得上一次語言訓練課程。

這種語言缺陷不是器官能力不足所致，而是缺乏社會合作的徵兆，並體現在他的語言障礙。語言是一種彰顯合作的態度——個體必須連結自己和其他人。就表面來看，這名男孩把語言缺陷當作好鬥的工具。他不尋求語言治療，我們也無須大驚小怪，因為對他來說，治療就代表他得放棄這套用來吸引別

19　編注：一邊心算，一邊口頭運算。

人關注的工具。

當教師和他說話時，他的身體會晃來晃去。

那樣子看起來就像男孩正準備攻擊。他的確不喜歡和教師說話，因為這樣一來，他就不是關注的焦點——教師說、男孩聽時，教師才是勝利者。

男孩的母親（確切來說是繼母，因為親生母親在他嬰兒時期就去世了）只抱怨他有點神經兮兮。

「神經兮兮」這種聽似神祕的說法，其實掩蓋了許多過錯。

他是被兩個奶奶帶大的。

家裡有一個奶奶就已經夠糟了，何況是兩個——我們知道，奶奶一般都會用可怕的方式寵壞孩子，而我們值得花時間細想她們為何這麼做。這是我們文化中的錯誤——年長女性無用武之處。她們不滿社會這樣對待她們，因此想要被正確善待——這當然是正確的想法。奶奶想要證明自身存在的重要性，因此透過寵愛孩子、讓他們更親近她來達成。她用這種方式維護自己的權利，也就是被社會認可的個體。

若聽到有兩名奶奶存在，你就可以理解為：她們之間存在可怕的競爭關係。雙方都想要證明孩子比較喜歡自己。自然的，在這場奶奶為了博得孩子偏愛的競爭關係中，這名孩子會發現自己宛如置身任他予取予求的天堂，他只需要開口說：「另一個奶奶給我這個。」聽到這句話的那一方就會設法贏過對手。在家裡，這名孩子就是注意力焦點，我們可以看到他如何把注意力變成他的目標。現在他進入學校，這裡再也沒有兩個奶奶可以使喚——只有一位教師和一大堆兒童——於是成為注意力焦點的唯一方式，就是抗爭。

> 和兩位奶奶住在一起時，他的在校成績一向不好。

　　對男孩來說，學校並不適合他，他也沒有做足上學的心理準備。學校是考驗他合作能力的場域，他也沒有接受過這方面的訓練。母親是最唯一協助兒童培養合作能力的人。

> 父親一年半前再婚，男孩搬回去和父親及繼母同住。

　　我們在此的確看到了困境。當多了繼母或繼父時，麻煩就出現或者說增加了。繼父母的問題由來已久，且一直難獲改善；孩子尤其難受。就算是最好相處的繼母，通常都會出現問題。我並不是說繼父母的問題根本無解，但只有一種特定解法。繼父母不應該把兒童對他們的喜愛，當作應得的權利，而

是要盡最大的努力去贏得。把兩位奶奶加入這個複雜的狀況時，繼母和男孩之間的困難只會有增無減。

> 繼母第一次踏進門時，曾試圖表現出友善與關愛。她盡了最大能力想要贏得男孩的心。但是男孩的哥哥也是問題人物。

家裡還有另一名鬥士，而且我們不難想像，兩兄弟之間的可怕競爭只會一再激化雙方的鬥志。

> 男孩害怕父親，因此會聽他的話，但是完全把繼母的話當成耳邊風。因此，她總是會將這個情況告訴父親。

繼母相當坦承，由於自己沒有能力管教孩子，因此把管教這件事推給了男人。當繼母老是將孩子做了什麼、沒做什麼告知父親；當她總是恐嚇兩兄弟：「我要跟你們爸爸說。」孩子們就明白，她根本管不住他們，也放棄了自己的職責，因此孩子們就開始找機會騎到她頭上。當繼母的言行舉止都是如此，就表明她有自卑情結。

> 如果男孩承諾守規矩，繼母就會帶他出門，還會買東西給他。

繼母落入困境。怎麼說？因為奶奶的陰影太龐大，兄弟倆

總是認為奶奶比她更重要。

> 但奶奶只會偶爾上門來探望。

只上門管管孩子幾個小時，卻把麻煩都丟給母親，實在太容易了。

> 看起來，家裡沒有一個人真心喜歡這名男孩。

表面上看起來他們不再愛他。甚至連寵壞他的奶奶，現在也是看到他就討厭。

> 父親會鞭打他。

然而，鞭打完全沒有幫助。男孩喜歡聽好話，要是有人讚美他，就會打從心裡感到滿足。但是他不知道該怎麼用正確的方式贏得讚美，他偏好向教師索討而非努力贏得讚美。

> 如果他聽到讚美，就會做得更好。

當然，這個道理適用所有想要成為關注焦點的兒童。

> 教師不喜歡他，因為他總是擺臭臉。

這是他能使用的招數裡面最有效的一招，因為他是鬥士。

男孩深受尿床所苦。

這也是他想要成為焦點的表現。他用迂迴的方式而不是直接對抗。只是，這類孩子要怎麼做，才能間接對抗母親？半夜尿床然後把她從床上挖起來；半夜大叫；在床上看書而不是睡覺；早上賴床；故意偏食。簡言之，無論是白天或夜晚，他總是想得出各式各樣的方法，讓母親關注他。尿床和語言缺陷──這是他用來對抗環境的兩大武器。

繼母試著半夜叫他起床好幾次，好讓他戒除尿床習慣。

所以繼母半夜得陪伴他好幾次，因此他用這種方式達成了自己的目標。

其他孩子不喜歡這名男孩，因為他總是想要使喚他們。有些比較弱小的兒童還試圖模仿他。

他是脆弱、缺乏勇氣的孩子，而且不想展現出有勇氣的行事作風。學校裡弱小的孩子都喜歡模仿他，因為這確實是他們可以獲得關注的好方式。

另一方面，他不是真的被大家討厭了，「每當他的作業被評選為優秀，其他孩子都會很開心，覺得他進步了。」

當這名男孩有所進步，其他孩子都會為他開心。這也代表教師教得好，因為他非常了解如何在學童之間培養出合作精神。

男孩喜歡和其他孩子在街上玩球。

唯有他確定自己會贏、會征服其他人，才願意和其他人建立關係。

總結

我們是和繼母討論這道個案，也向她解釋，她被困在男孩與兩位奶奶之間的艱難境地。我們也向她解釋，男孩嫉妒哥哥，總是害怕自己居於下風。訪談男孩期間，儘管我們一再告訴他診所裡的人都是他的朋友，他依舊不發一語。對這名男孩來說，「說話」就是意味著「合作」，但是他想要抗爭，所以克制自己不開口說話。這同樣是缺乏社會意識的表現，和我們看到他拒絕接受任何語言治療的情況如出一轍。

儘管可能會令人吃驚，但是我們經常在某些成年人的社交

生活中看到這類行為——他們的抗爭方式就是不說話。曾經有一對伴侶發生激烈口角，丈夫對妻子大吼：「妳看看，現在妳無話可說了吧！」但妻子回答：「我不是無話可說，我只是不想說！」

就這名男孩個案來說，他也「只是不想說」；但是當訪談結束、被告知可以離開時，他似乎又不想走。他被挑起反抗之心了。當他被告知討論結束，他反而不想離開，於是我們請他下星期和父親一起過來。

與此同時，我們告訴男孩：「你不說話才是正確的，因為你總是喜歡唱反調。如果有人要你說話，你就會閉嘴。在學校應該要保持安靜，你就會大聲說話打斷講課。你相信只要這樣做就能當英雄。如果我們告訴你：『一個字都不准說！』那麼你就會講個沒完。我們只要故意說出相反的要求，就能得到我們想要的結果。」

男孩顯然被逼得開口了，因為他認為必須回答我們的問題。用這種方式，他就會開口和我們合作。後來，我們解釋了這個情況給他聽，這樣他才能知道自己犯了什麼錯，我們也用這種方式讓他逐漸改進。

關於這方面，我們應該謹記在心：這類孩子只要一直待在熟悉的舊環境就不會有動力想要改變。母親、父親、奶奶、教師和同伴——全都和他熟悉的生命風格合拍，因此男孩回應的態度也就很固定。但是當他來到診所，這裡對他來說是陌生的環境，我們甚至必須試著讓這個新環境盡可能陌生——雖然事

實上本來就是如此。如此一來，他就會更明顯表露出在舊環境形塑而成的性格特徵。在這種情況下要求他：「一個字都不許說！」反而是好主意，他就會說：「我偏要說！」運用這種方式，男孩會覺得沒有人可以直接和他對話，所以就不用時時刻刻守著自己的禁令。

　　在診所，孩子通常會站在一大票觀眾面前，而這一幕會讓他們印象非常深刻。這是一種全新情境，會帶來一種印象是：他們不再被束縛在自己生活的小圈圈，且其他人也對他們感興趣，他們則因此成為大環境的一分子。這一切都讓他們比以前更想要融入大環境，特別是如果他們被要求再來一次的話。他們知道將會發生什麼事——他們會被問問題，也會被問最近過得怎麼樣之類的。有些孩子每個星期報到一次，有些則是天天都得上門，端看個案的本質而定。他們在這裡被訓練如何和教師打交道；他們知道自己不會被指責、訓斥或批評，但是知道每一件事情都會被公開評價，彷彿一扇大開的窗。這種做法永遠都會讓人們印象深刻。如果一對伴侶發生口角，其中一方打開一扇窗戶，口角就會突然打住，然後情況就會完全改變。因為當一扇窗戶被打開，他們說的話就會被外人聽見，但一般人多半不願意表現出會被別人誤會的性格特徵。這是一種進步，而這就是兒童來到我們的診所時會發生的事。

個案3 不再進步的13歲半男孩

該個案是家裡的長子，今年13歲半。

> 他11歲時測到的智商是140。

因此，或許可以說他是天才兒童。

> 自從升上中學二年級，他就幾乎沒有進步。

我們從經驗就可以得知，如果孩子相信自己很聰明，常常會期望不勞而獲，導致他們因此經常停下前進的腳步。舉例來說，我們發現，這類兒童到了青春期就覺得自己好像比實際年齡成熟。他們想要證明自己不再是孩子，但是他們愈是試圖表現自我，現實生活中就會遭遇愈多困難。然後他們就開始懷疑，究竟自己是不是一直以來所相信的那麼聰明。我們不建議在這個時候告訴孩子「他真的很聰明」或者「他是智商140的天才」。兒童根本不該知道自己的智商，父母也是。這一切足以解釋為何絕頂聰明的兒童，長大後反倒會失敗。這是十分危險的情況。當野心勃勃的兒童不確定自己可以走正道成功的話，會轉頭去找另一條可以成功的錯誤道路，包括：罹患精神疾病、自殺、犯罪、變得懶惰或浪費時間。對那些為了取得成功但毫無用處的方法，孩子會有好幾百種藉口。

> 最愛的科目是科學。喜歡和比自己年幼的男孩往來。

我們知道，孩子和更年幼的孩子玩在一起，是為了讓自己不那麼費力、為了顯現優越感並且想要當老大。若孩子喜歡和更年幼的孩子玩在一起，或許是可疑的徵兆——雖說並非總是如此，有時候這種態度是想要當爸爸。不過這種情形永遠都會牽涉到某些特定缺點，因為這種假扮父母的表達方式，會讓更年幼的孩子抗拒和較年長孩子玩在一起，而且這種抗拒是有意識的行動。

> 喜歡美式足球和棒球。

因此，我們可以預料，他很擅長這兩種球類運動。我們可能還會聽到他十分擅長某些項目，但是對其他項目很無感。這就意味著，只要他有把握會成功的事情，就會積極主動；反之就會拒絕參與。這當然不是正確的行動原則。

> 他喜歡打牌。

代表浪費時間。

> 這個興趣似乎把他的注意力從每天早早就寢、時間到就主動做功課的日常作息轉移開了。

現在，我們要進入真實的抱怨，而且全都聚焦在同一個重點。他無法在學業上求取進步，因此他只是在浪費時間。

> 他還是小嬰兒時發育緩慢，但是兩歲以後開始快速發育。

我們不清楚為何前兩年發育緩慢，有可能是被大人嬌生慣養，以至於我們看到一段被溺愛的童年，發育緩慢有可能源自這樣的寵溺。我們常常看到，被寵壞的孩子不想開口說話、走動或活動身體，因為他們喜歡讓別人打點好一切，也因此沒有受到外界刺激而發展。不過一旦開始快速發育，唯一解釋就是出現發育的刺激。有可能是某些強烈的刺激，讓他成長為活潑、聰明的小男孩。

> 顯著的特徵是誠實且固執。

對我們來說，他很誠實的說法有點薄弱。誠實是非常珍貴的品格，而且確實是優勢，但是我們不知道他是否濫用誠實來批判他人。對他來說，誠實也是非常漂亮的自誇方式。我們知道，他是喜歡領導、使喚他人的類型，誠實有可能是他追求優

越感的表現。我們不確定，倘使這名男孩淪於不利的情境，是否還可以保持誠實。至於他的固執，我們發現他就是想要自行其是、喜歡與眾不同，而且不要被別人領導。

他會霸凌弟弟。

這句話證實了我們的判斷：他想要成為領導者，加上年幼的弟弟不聽話，所以他霸凌對方。這表示他其實不是非常誠實，因為如果真的理解他，你就會發現他其實有點虛假。他會自我吹噓，我們也看到他自我感覺優越。至此，這些外在行為呈現出他確實有優越情結，但是這種優越情結也清楚顯示出他正深受自卑感折磨。由於別人對他的評價過高，導致他也高估了自己；也正因為他高估了自己，所以必須自我膨脹來彌補其中的不足之處。過度讚美兒童不是明智之舉，因為這樣他就會知道別人對他的期望有多高。一旦他發現滿足他人的期待很不容易，就會開始顫抖、開始害怕，因此他將重新安排自己的生活，讓別人不會發現他的缺點，所以他霸凌弟弟等等。這就是他的生命風格，他覺得自己不夠強大，也不夠有自信可以獨立、正確的解決生活中的各種問題。因此他把熱情投注在玩牌。當他玩牌時，即使學業成績很難看，也沒有人會發現他的自卑感。父母會把他的學業成績難看，歸咎於他總是在玩牌這項事實——他利用了這種方式保全自己的自尊心和虛榮心。他滿腦子都是這個想法：「沒錯，因為我喜歡玩牌，所以不是好

學生；要是我不玩牌了，就會成為最優秀的學生。不過，我就是想玩牌。」就這樣，他讓自己心裡好過了，甚至自我安慰他還是可以成為最優秀的學生。由於這名男孩不明白自己心理的這套邏輯，他就可以對自己哀嘆，並且對自己和他人隱藏內心的自卑感。而且，只要他能這樣做，就不會改變。也因此，我們應該採取非常友善的方式，向他揭露自身性格的根源，也讓他看清楚，他的表現確實就像是自認為不夠強大到足以實現成就的人。唯有在隱藏自己的脆弱感、自卑感的前提下，他才會感覺自己夠強大。這一步應該就像先前說過的那樣，要採取友善的方式執行，而且要持續鼓勵。我們不應該總是讚美他，老是提起他的高智商——從不間斷的提醒這件事，或許就是讓他害怕自己可能無法永遠成功的癥結。我們很清楚，長大成人後智商就不是很重要；優秀的實驗派心理學家都知道，智商測試只會反映測驗當時的情況，但是生活太複雜了，單就一場測驗無法預知一切。

總結

這名男孩真正的困難，在於他缺乏社會意識且有自卑感。我們必須好好對他解釋清楚。

個案 4 被寵壞的8歲半男孩

　　這名8歲半男孩個案，揭示了兒童被寵壞的過程。罪犯和精神病患者主要都是源於這類被寵壞的兒童。我們這個時代最重要的需求，就是必須停止溺愛兒童——這並不是要我們停止關愛他們，而是停止縱容他們，且應該把他們視為朋友一樣平等對待。這個個案相當珍貴，意義在於它刻劃出被寵壞的兒童諸多特徵。

> 當前問題：上學後每一個學年都要重讀一次，現在閱讀能力僅二年級最初級（等級2A）[20]。

　　入學第一年就被留級，很可能會被懷疑心智有缺陷，而分析時必須將這項可能性謹記在心。另一方面，要是孩子起步很順利，之後卻一落千丈，大可排除心智缺陷的疑慮。

> 說話像小嬰兒。

　　他想要被溺愛，因此模仿嬰兒。不過這也意味著，既然他認為模仿嬰兒可以為自己帶來好處，就必須先在心中設定好目的和目標。在該個案中看得到理性、有意識的計畫，因此可以

20　譯注：美國小學會將學童的閱讀能力分成二十六個級別，最初級是A、最高級是Z。

排除心智有缺陷的可能性。他不喜歡學校作業是因為還沒做好上學的心理準備，因此與其依循校規發展，他反而努力表現出敵意、反抗大環境。這種敵對態度當然會有代價，那就是每學年都跟不上進度。

不聽從哥哥的話，甚至激烈反抗。

由此我們可以看到，對他來說哥哥就是一道障礙。從這一點也可以推論出，哥哥必定是好學生。他可以和哥哥競爭的唯一之道就是使壞；在他的幻想中，若他還是個小嬰兒，一定會比哥哥強。

他22個月大才學會走路。[21]

他有可能患過佝僂病。如果他直到22個月大才學會走路，也有可能是因為他一向被大人看護著，而且母親在這22個月中寸步不離。我們可以看到，這個器官缺陷對母親來說是一種刺激，因此必須更周到的看護並寵愛他。

他很早就開口說話。

21　編注：大多數的孩子在約12個月大時會開始學習走路，若孩子超過18個月大還不會走路時，會建議家長帶孩子去醫院檢查是否有身體上的特殊狀況。

現在，我們確信他的心智沒有問題。心智缺陷主要是表現在學習說話有困難。

> 他總是像嬰兒牙牙學語那樣說話。父親非常喜愛他。

父親也很寵他。

> 他比較愛母親。家裡有兩個男孩。母親說哥哥很聰明。兄弟倆整天鬥來鬥去。

這是家庭中，兄弟間存在競爭關係的個案。這在多數家庭中很常見，尤其是老大和老二，但是競爭關係也經常發生在兩名年紀相近、一起長大的兒童之間。這種競爭情況的心理學概念，源於以下事實：當第二個孩子出生，較先出生的孩子就被冷落了。正如我們在第8章所見，如果大人適當培養這些孩子的合作意識，就可以避免這種情形發生。

> 他的算術能力很差。

對那些被寵壞的孩子來說，最難的科目通常就是算術，因為算術涉及一定的社會邏輯力，被寵壞的孩子就是欠缺這種能力。

> 他的腦袋一定有問題。

我們找不到這種說法的證據。他的言行舉止看起來挺聰明的。

> 母親和教師都相信他會手淫。

他確實有可能會這樣做。多數兒童都會手淫。

> 母親說他有黑眼圈。

我們無法合理將黑眼圈歸咎為手淫行為，不過眾人多半懷疑兩者相關。

> 他非常挑食。

從這一點，我們可以看出他總是處心積慮想要把母親綁在身邊，連吃飯都要黏緊緊。

> 他怕黑。

怕黑這一點再次證明他有一段受到寵溺的童年。

> 母親說他有很多朋友。

我們相信,這些朋友都是他可以使喚的對象。

> 他對音樂很感興趣。

檢視音樂人的外耳是很有教育意義的事。我們發現,音樂人的耳朵外觀都長得比較好看。我們看到這名男孩的當下就十分確定,他有一對精緻又靈敏的耳朵。這種靈敏度的可能表現方式就是喜歡和諧,而且擁有這種靈敏度的人更有能力接受音樂訓練。

> 他喜歡唱歌,但是聽力有點問題。

這種類型的人難以忍受我們的嘈雜生活。在這類型的人當中,罹患耳疾的可能性遠大於一般人。聽覺器官構成是遺傳作用,那就是為何音樂天賦和聽覺障礙都會代代相傳。聽覺障礙加上有些家族成員深具音樂天賦,讓這名男孩備受困擾。

總結

治療這名男孩的適當方法,就是試圖讓他自己更獨立、更自立。目前,他不僅無法自立,還相信母親必須跟在他的身

旁、絕對不能放他獨處。他總是想要母親的支持，當然通常媽媽會樂於提供這種支持。現在他可以隨心所欲做他想做的事──也包括隨意犯錯。這是他可以學會自立的唯一之道。他必須學習不要和哥哥競爭母親的關愛。就目前為止，這對兄弟都各自認為母親偏愛對方，彼此也都毫不必要的嫉妒對方。

格外要落實的就是──培養這名男孩有足夠勇氣面對學校生活的問題。想想就知道，要他不再繼續就學會發生什麼事。在他切斷求學生涯的那一刻便可能偏離正軌、踏上對社會生活毫無益處的錯誤道路。有一天他將會開始蹺課，再過幾天根本連學校都待不下去，然後是離家出走、加入幫派。俗諺有云：一分預防勝過十分治療，最好現在就訓練他適應學校生活，遠勝往後處置少年犯。此時此刻，學校是一場嚴格考驗。但是他還沒有準備好用社會化方式解決問題，也因此他在學校很不好過。不過這方面就得由校方提供他新的勇氣。當然校方有自己的問題──或許班上學生人數太多，也或許是他遇到的教師都還沒有做好準備，為學生提供心靈上的勇氣──如此一來便是悲劇。不過如果這名男孩有幸找到那麼一位教師，對方會鼓勵他，也會協助他養成強健的內心，那麼他的人生就有救了。

個案 5 算術與拼字能力很差的10歲女孩

這位個案是一名10歲女孩。

> 校方向診所求助，因此轉介這名女孩來看診，她的算術和拼字能力都很差。

對被寵壞的孩子來說，算術通常是困難的學科。雖說被寵壞的孩子算術不一定很差，但是從長期經驗來看，很常發現有這樣的關聯。我們知道，左撇子經常會出現拼寫困難，因為他們的自我訓練就是從右側看到左側，所以他們閱讀時也習慣從右側看到左側。他們的閱讀和拼字都正確，但是常常是倒顛的。通常沒有人可以理解「他們閱讀正確，只是會顛倒」這一點，他們只知道這些人無法閱讀，因此只會說他們不會正確閱讀或拼字。於是我們假設，這名女孩有可能是左撇子。或許還有另一個原因造成她拼字困難，如果她住在紐約，我們必須考慮到或許她來自其他國家，因此無法正確理解英語。在歐洲，我們就無須將這一點納入考慮。

> 在她過去的生活中有一點很重要：她的家庭在德國失去大部分財產。

我們不知道他們是在何時離開德國來到這裡，或許這名女

孩曾經有優渥的生活，但一夕之間消失。全新的環境永遠都像一場考驗，她是否曾經正確接受互助合作的訓練，又是否可以社會化的自我調適並展現勇氣，都將在這個全新環境表露無遺。新環境也將透露出，她是否扛得起從此得過窮日子的重擔——換個方式說，就是她能否和其他人互助合作。目前看起來，她還不能正確的和別人合作。

> 她在德國時是模範學生，而且她是在8歲時離開德國。

那已經是兩年前的事。

> 因為拼音太難，她無法在學校和同學和睦相處，學習算術的方式也和德國教師的教法不一樣。

但是教師並非總是可以體諒這一點。

> 女孩的母親很寵她，因此她非常依附母親。她喜愛雙親的程度相當。

如果問兒童這個問題：「你比較喜歡誰？媽媽還是爸爸？」一般來說他們都會回答：「兩個都喜歡！」因為他們從小就被教育，聽到這類問題就要給出這個答案。有許多方式可以測出他們的真心話，其中一個很好的做法就是讓兒童坐在父、母親

中間，當我們和父母談話，兒童就會不由自主的傾身靠向最依附的那一個。若是換成父母同處一室、兒童開門走進來，我們同樣可以看出來，她會再度走向自己最依附的那一個。

> 她有一些年紀相仿的女生朋友，但不是很多。最早期的記憶是：她8歲時和父母一起住在鄉間，總是習慣和狗狗在草地上玩耍。當時他們還有一輛四輪馬車。

她記得家裡有錢、門前草坪、狗狗和四輪馬車。這就和成年人記得家道中落之前的光景，因此總是頻頻回顧當年有車、有馬、有豪宅、有傭人等等的好日子一樣。因此我們可以理解，她對現況感到不滿足。

> 她的夢境是耶誕節和耶誕老公公帶禮物來送她。

她的夢境所表達的願景，和她的現實生活如出一轍。她感覺被剝奪了，因此總是想要擁有更多，而且想要重拾往日美好生活所擁有的一切。

> 她很喜歡賴著母親。

這是一個缺乏勇氣，而且學校生活不好過的徵兆。我們向她解釋，雖說她遇到的困難比其他孩子多，但是只要更努力用

功、練習變得更有勇氣，她也可以學習。

> 她來回診，這次母親沒有陪同。她在學校和同學處得
> 比較好了，回到家也可以獨自完成每一件事。

我們曾經建議她要學習獨立、不要依賴母親，而且要獨力
完成每一項分內工作。

> 她為父親準備早餐。

這是培養合作精神的跡象。

> 她相信自己變得更勇敢了，而且在這次訪談中，她看
> 起來也比較放鬆。

她還要再回診一次，而且這次母親要陪同。

> 她偕同第一次前來的母親回診。之前，母親一直忙著
> 工作，沒辦法分身前來。她向我們回報，女孩其實是
> 養女，大概兩歲時被他們接到家裡，所以她不知道自
> 己原來是養女。她在出生後兩年間，總共換過六個家
> 庭。

這可能不是一段美好經歷。看起來這名女孩在這兩年間遭

受很多苦難。因此我們必須打交道的對象是或許曾經被討厭、被遺棄，然後才被這位女性接手悉心照料的小女孩。女孩想要緊緊抓住這個對自己有利的情況，因為早年的痛苦經歷已經在心中烙下無意識的印象。那兩年內，孩子很有可能留下深刻印象。

> 當年接手照顧這名女孩時，曾有人告訴這位母親必須嚴加管教，因為女孩的原生家庭很糟糕。

提出這項建議的人本身就是深受遺傳觀念毒害的代表。如果她真的嚴格管教，這名女孩應該早就變成問題兒童，到時候這個自以為是判官的人還會沾沾自喜的說：「妳看，被我說中了吧！」他根本就不知道，自己才是壞事的人。

> 女孩的親生母親很糟糕。因為不是自己的親生女兒，養母認為對這名女孩有龐大的責任。有時候，她會體罰這名女孩。

現況不再像以前一樣對女孩有利了。養母的寵溺態度有時候會斷掉，於是她就會受罰。

> 父親寵愛這名女孩，她要什麼就有什麼。如果她想要某樣東西，不會開口說「請」或「謝謝」，反而會說「妳又不是我媽」。

女孩要不是知道實情，就是她剛好隨口說出一句正中要害的話。我們知道曾有一名20歲的大男孩不相信自己的媽媽是親生母親，但他的父母發誓男孩根本不可能知道實情。顯然，他就是有一股直覺。孩子會自己從許多非常細微的小事中爬梳出結論。「這名孩子不知道自己是領養來的。」但其實時候到了，他們就會感覺到。

> 她對母親這樣說，但沒有對父親說這些話。

　　父親沒有提供女孩採取那種方式攻擊自己的機會，因為她要什麼，他就給什麼。

> 母親無法理解女孩在新學校發生的諸多改變。現在她拿到了一張難看的成績單，得修理她一頓。

　　這名可憐的孩子已經考壞了，她感到羞慚、卑下，母親卻還要在這個時候痛打她一頓——這樣未免太超過了吧。事實上，任何一種情況都已經夠糟了——無論是被母親修理或是成績難看。這是教師需要三思的地方，他們應該要明白，當他們發給孩子難看的成績單，有可能反而代表，孩子回到家後才是更多麻煩的開始。明智的教師如果知道爛成績會是母親責打孩子的起因，將會避免發出難看的成績單。

> 孩子說，有時候她會失控、突然脾氣爆發。她在學校時會因為太興奮就擾亂班級秩序。她相信自己必須永遠當第一名。

我們可以理解獨生子女心中的這股渴望，這是被從小要什麼父親就給什麼的習慣訓練而來。我們可以理解她喜歡當第一名。我們知道她家裡曾經擁有一大片土地等等，但是她覺得過去的優勢都被剝奪了。現在，她努力追求優越感的欲望變得更強烈，但是由於她沒有表現的管道，因此有時候會失控、惹上麻煩。

我們向她解釋，她必須學會和別人合作。我們告訴她，她讓自己情緒激動是為了成為注意力的焦點；她脾氣爆發只是讓別人可以把眼光投注她身上的藉口；她在校不努力用功，是因為母親看到爛成績就會生氣，但她就是想要反抗母親。

> 她夢到耶誕老公公帶著很多禮物來送她，然後她醒過來，卻發現什麼也沒有。

我們再次看到，她總是想要喚起「擁有想要的一切」的感覺和情緒，但是「醒來後卻發現什麼也沒有」。我們絕對不要忽略這個藏在暗處的敵人。如果我們在夢中喚起了這類感覺和情緒，醒來後卻發現什麼也沒有，自然會悵然若失。不過，夢

境喚起的，只是和清醒後的意識一致的情感，換句話說，夢中的情感目標不是想要喚起擁有一切的成就感——精確來說，這道情感目標是為了滿足失落感。正是為了這道目的，夢境才會被創造出來，直到這個目標被實現，失落感也出現為止。憂鬱症患者經常會做不可思議的美夢，但是醒過來之後卻發現現實生活完全相反。我們可以理解，為何這名女孩渴望感覺失望。她想要控訴母親，因為當前她的生活極度黯淡。她感覺自己一無所有，母親也沒有提供她任何東西。「她打我；只有爸爸會送我東西。」

總結

　　總結這個案例可以發現，這個孩子總是想要感受到失望感，這樣一來她就可以指控母親，而她這樣做其實就是在反抗母親。如果我們想要阻止這場抗爭，就必須說服她——她在家的行為、她的夢境和她在校的行為，都是基於同一套錯誤的模式。她的生命風格錯誤，很大一部分是來自一項事實，那就是：她只在美國生活一小段時間，還沒有接受完善的英語訓練。因此我們必須說服她，這些困難其實都可以輕易克服，但是她卻刻意將它們當作用來對抗母親的武器。我們也必須影響母親，停止責打這名孩子，以免提供她抗爭的藉口。我們還必須讓女孩清楚理解：「我不能專心、容易失控，而且無法控制脾氣，全是因為我想要找母親麻煩。」如果她領悟這一點，就可以停止自己糟糕的行徑。直到她明白自己在家、在校和在夢

境中的所有經歷和印象所隱含的意義之前，改變她的性格當然是痴人說夢。

也因此，我們看到何謂心理學，其實就是指理解個體如何應用自己的認知和經驗。或者換句話說，**心理學意味著理解兒童用來指導行為、反應外界刺激的感知模式；理解他如何看待特定刺激、如何回應這些刺激，以及如何應用這些刺激實現自己的目的。**

THE
EDUCATION OF
CHILDREN